Kauderwelsch
Band 10

© Hartmut Fiebig

Impressum

Christoph Friedrich
Kisuaheli - Wort für Wort
erschienen im
REISE KNOW-HOW Verlag Peter Rump GmbH
Osnabrücker Str. 79, D-33649 Bielefeld
info@reise-know-how.de

18. Auflage 2014

Bearbeitung Josef Overberg, Claudia Schmidt
Umschlag Peter Rump
Layout-Konzept Günter Pawlak, FaktorZwo! Bielefeld
Layout Claudia Schmidt
Fotos Jörg Gabriel (Coverfoto, S. 141);
Peter Rump (S. 27, 42, 46, 52, 62, 110, 119, 163, 168, 179);
Hartmut Fiebig (S. 1, 65, 126, 136, 145, 160);
Fotografen@Fotolia.com (siehe jeweils S. 8/9, 31, 92/93, 180);
Druck und Bindung Werbedruck GmbH Horst Schreckhase, Spangenberg

ISBN: 978-3-8317-6426-6

Printed in Germany

Dieses Buch ist erhältlich in jeder Buchhandlung Deutschlands, Österreichs, der Schweiz und der Benelux-Staaten. Bitte informieren Sie Ihren Buchhändler über folgende Bezugsadressen:

Deutschland Prolit GmbH, Postfach 9, 35461 Fernwald (Annerod) sowie alle Barsortimente
Schweiz AVA-buch 2000, Postfach 27, CH-8910 Affoltern
Österreich Mohr Morawa Buchvertrieb GmbH, Sulzengasse 2, A-1230 Wien
Belgien & Niederlande Willems Adventure, www.willemsadventure.nl
direkt Wer im Buchhandel kein Glück hat, bekommt unsere Bücher zuzüglich Porto- und Verpackungskosten auch direkt über unseren Internet-Shop: ***www.reise-know-how.de.***

Zu diesem Buch ist ein AusspracheTrainer erhältlich, als **MP3-Download** unter ***www.reise-know-how.de*** oder auf **Audio-CD** in jeder Buchhandlung Deutschlands, Österreichs, der Schweiz und der Benelux-Staaten.

Der Verlag möchte die **Reihe Kauderwelsch** weiter ausbauen und **sucht Autoren!** Mehr Informationen finden Sie unter ***www.reise-know-how.de/rkh_mitarbeit.php***

Kauderwelsch

Christoph Friedrich

Kisuaheli

Wort für Wort

REISE KNOW-HOW
im Internet
www.reise-know-how.de
info@reise-know-how.de

*Aktuelle Reisetipps
und Neuigkeiten,
Ergänzungen nach
Redaktionsschluss,
Büchershop und
Sonderangebote
rund ums Reisen*

Kauderwelsch-Sprechführer sind anders!

Warum? Weil sie Sie in die Lage versetzen, wirklich zu sprechen und die Leute zu verstehen.

Wie wird das gemacht? Abgesehen von dem, was jedes Sprachbuch bietet, nämlich Vokabeln, Beispielsätze etc., zeichnen sich die Bände der Kauderwelsch-Reihe durch folgende Besonderheiten aus:

Die **Grammatik** wird in einfacher Sprache so weit erklärt, dass es möglich wird, ohne viel Paukerei mit dem Sprechen zu beginnen, wenn auch nicht gerade druckreif.

Alle Beispielsätze werden doppelt ins Deutsche übertragen: zum einen **Wort-für-Wort**, zum anderen in „ordentliches" Hochdeutsch. So wird das fremde Sprachsystem sehr gut durchschaubar. Denn in einer fremden Sprache unterscheiden sich z. B. Satzbau und Ausdrucksweise recht stark vom Deutschen. Ohne diese Übersetzungsart ist es so gut wie unmöglich, schnell einzelne Wörter in einem Satz auszutauschen.

Die **Autorinnen** und **Autoren** der Reihe sind Globetrotter, die die Sprache im Land selbst gelernt haben. Sie wissen daher genau, wie und was die Leute auf der Straße sprechen. Deren Ausdrucksweise ist nämlich häufig viel einfacher und direkter als z. B. die Sprache der Literatur oder des Fernsehens.

Besonders wichtig sind im Reiseland **Körpersprache, Gesten, Zeichen** und **Verhaltensregeln**, ohne die auch Sprachkundige kaum mit Menschen in guten Kontakt kommen. In allen Bänden der Kauderwelsch-Reihe wird darum besonders auf diese Art der nonverbalen Kommunikation eingegangen.

Kauderwelsch-Sprechführer sind keine Lehrbücher, aber viel mehr als Sprachführer! Wenn Sie ein wenig Zeit investieren und einige Vokabeln lernen, werden Sie mit ihrer Hilfe in kürzester Zeit schon Informationen bekommen und Erfahrungen machen, die „sprachlosen" Reisenden verborgen bleiben.

Inhalt

9 Vorwort
10 Hinweise zur Benutzung
13 Über die Sprache
15 Aussprache & Betonung
17 Wörter, die weiterhelfen

Grammatik

20 Hauptwörter
28 Der besitzanzeigende Fall
30 Besitzanzeigende Fürwörter
32 Dieses & Jenes
33 Eigenschaftswörter
41 Persönliche Fürwörter
43 Sein & Haben
47 Tätigkeitswörter
53 Können, wollen, müssen
54 Die Zeitformen im Überblick
56 Verneinung
59 Weitere Zeitformen
61 Steigern & Vergleichen
63 Satzergänzungen
66 Befehlsform
68 Relativsätze
69 Fragen
72 Bindewörter
74 Ortsbestimmungen
76 Verhältniswörter
79 Zahlen & Zählen
85 Zeit & Datum
91 Maße und Gewichte

Konversation

93 Kurz-Knigge
96 Namen
98 Anrede
99 Begrüßen & Verabschieden
104 Bitten, Danken, Wünschen
107 Das erste Gespräch
111 Zu Gast sein
119 Unterwegs
135 Auf Safari
143 Übernachten
146 Essen & Trinken
153 Einkaufen
158 Fotografieren
161 Telefonieren
164 Bank & Geld
166 Post
167 Behörden
169 Krank sein
175 Dringende Hilferufe
176 Toilette
177 Schimpfen & Fluchen

Anhang

178 Literaturhinweise
180 Wörterliste Deutsch – Kisuaheli
194 Wörterliste Kisuaheli – Deutsch
208 Der Autor

Kilimanjaro + tembo = Kilimanjaro + Elefanten

Vorwort

Ein Aufenthalt in Afrika hat auch im virtuellen Zeitalter etwas von Abenteuer und Entdeckungsreise an sich. Obwohl als Kontinent den Europäern recht nah, haftet ihm ein Hauch von Fremdartigkeit und Mystik an. Atemberaubend schöne Landschaften, die einzigartige Tierwelt und unzähligen Stämmen angehörende Menschen in ihrer kulturellen Vielfalt sind es, die Ostafrika zu einem attraktiven Reiseziel machen.

Unter all den vorhandenen Stammessprachen Ostafrikas hat sich im Laufe der Zeit das Kisuaheli als überall verständliche Verkehrssprache entwickelt. Ob im Bus zwischen Kampala und Nairobi, auf Sansibar oder auf dem Markt in Arusha – überall werden Sie sich auf Kisuaheli gut verständigen können. Dabei brauchen Sie die Sprache nicht perfekt zu beherrschen. Wenige Sätze helfen Ihnen schon, sich den Menschen zu nähern und „unsichtbare" Schranken zu verkleinern.

Unabhängig davon, ob geschäftlich, organisiert oder individuell unterwegs – der Kauderwelsch-Band Kisuaheli hilft Ihnen dabei. Er vermittelt übersichtlich und einfach, erklärt die elementaren grammatischen Grundkenntnisse und greift typische Sätze aus dem Alltagsleben in Ostafrika auf.

Und es macht einfach auch großen Spaß!

Christoph Friedrich

Hinweise zur Benutzung

Dieser Sprechführer „Kisuaheli Wort für Wort" gliedert sich in drei Hauptabschnitte:

Grammatik Die Grammatik beschränkt sich auf das Wesentliche und ist so einfach gehalten wie möglich. Deshalb sind auch nicht alle Ausnahmen und Unregelmäßigkeiten der Sprache erklärt. Wer nach der Lektüre dieses Büchleins tiefer in die Grammatik der Kisuaheli-Sprache eindringen möchte, findet im Anhang Hinweise auf weiterführende Literatur. Es ist zwar sinnvoll, den Grammatikteil zumindest einmal zu überfliegen, doch können Sie auch sofort mit dem Konversationsteil beginnen und die Grammatik nur zum Nachschlagen verwenden.

Konversation In diesem Teil finden Sie Sätze aus dem Alltagsgespräch, die Ihnen einen ersten Eindruck davon vermitteln sollen, wie die Kisuaheli-Sprache „funktioniert", und die Sie auf das vorbereiten sollen, was Sie später in den ostafrikanischen Ländern hören werden – denn was man vorher schon einmal gelesen hat, versteht man später viel leichter. Sowie man sich auch nur ein wenig vom Allerallgemeinsten entfernt, wird es unwahrscheinlich, dass Sie exakt den gewünschten Satz hier finden werden. Benutzen Sie die Beispielsätze also auch als Fundus von Satzschablonen und -mustern, die Sie selbst Ihren Bedürfnissen anpassen.

Wort-für-Wort-Übersetzung

Damit Sie die Wortfolge des Kisuaheli in den Beispielsätzen nachvollziehen können, ist eine Wort-für-Wort-Übersetzung in kursiver Schrift ergänzt. Jedem Kisuaheli-Wort entspricht ein Wort in der Wort-für-Wort-Übersetzung. Wird ein Kisuaheli-Wort im Deutschen durch zwei Wörter übersetzt, sind diese in der Wort-für-Wort-Übersetzung durch einen Bindestrich verbunden, z.B.:

Kuna chai?
es-gibt Tee
Gibt es Tee?

Werden in einem Satz mehrere Wörter angegeben, die man untereinander austauschen kann, steht ein Schrägstrich.

Wapi hoteli / choo?
wo Restaurant / Toilette-3
Wo ist ein Restaurant / die Toilette?

Die Ziffer in der Wort-für-Wort-Übersetzung haben Sie sicher gerade bemerkt. Diese kennzeichnet die so genannte Klasse des Hauptwortes, von denen es insgesamt acht gibt. Schlagen Sie doch einmal die linke Umschlagklappe auf. Dort finden Sie die Übersichtstabelle „Hauptwortklassen". Diese sollten Sie während der ganzen Lektüre dieses Büchleins begleiten. Die Kenntnis der Hauptwortklassen ist nämlich zur Bildung eines richtigen Satzes unerlässlich. Wird ein Haupt-

Hören Sie sich Ausprachebeispiele mit Ihrem Smartphone an! Ausgewählte Kapitel im Konversationsteil sind dafür mit einem QR-Code ausgestattet.

wort in der Wort-für-Wort-Übersetzung nicht durch eine Ziffer näher gekennzeichnet, gehört es der 5. Klasse an, die zahlenmäßig die meisten Hauptwörter umfasst. Ausführlich erklärt werden die Klassen im Kapitel „Hauptwörter".

Mit Hilfe der Wort-für-Wort-Übersetzung können Sie die Beispielsätze leicht Ihren eigenen Bedürfnissen anpassen, auch wenn das Ergebnis nicht immer perfekt ist.

Wörterlisten

Die Wörterlisten am Ende des Buches helfen Ihnen dabei. Sie enthalten einen Grundwortschatz Deutsch – Kisuaheli und Kisuaheli – Deutsch von jeweils ca. 1.000 Wörtern, mit denen man schon eine Menge anfangen kann.

Umschlagklappe

Die Umschlagklappe hilft, die wichtigsten Sätze und Formulierungen stets parat zu haben. Hier finden sich schnell die wichtigsten Angaben zur Aussprache und eine kleine Liste der wichtigsten Fragewörter, Richtungs- und Zeitangaben. Die „Übersichtstabelle Hauptwortklassen" ist der Schlüssel zur gesamten Grammatik. Aufgeklappt ist der Umschlag eine wesentliche Erleichterung, da nun die gewünschte Satzkonstruktion mit dem entsprechenden Vokabular aus den einzelnen Kapiteln kombiniert werden kann. Wenn alles nicht mehr weiterhilft, dann ist vielleicht das Kapitel „Nichts verstanden? – Weiterlernen!" der richtige Tipp. Es befindet sich ebenfalls im Umschlag, stets bereit, mit der richtigen Formulierung für z. B. „Ich habe leider nicht verstanden." auszuhelfen.

Seitenzahlen

Um Ihnen den Umgang mit den Zahlen zu erleichtern, wird auf jeder Seite die Seitenzahl auch in Kisuaheli angegeben!

Über die Sprache

Swahili – man sagt auch Kiswahili (Sprache der Swahili) oder eingedeutscht Suaheli bzw. Kisuaheli – wird gegenwärtig von fast 50 Millionen Menschen im ostafrikanischen Raum gesprochen. Entstanden ist die Sprache an der ostafrikanischen Küste als Mischung von afrikanischen Bantu-Sprachen mit arabischen Elementen. Der Name stammt vom arabischen „sahil", was soviel heißt wie „Küste". Erst während der Kolonialzeit vom 19. bis zum 20. Jahrhundert fand Kisuaheli auch im Landesinneren Verbreitung. Das bis dahin nur in arabischer Schrift geschriebene Kisuaheli wurde zu jener Zeit von Missionaren in die lateinische Schrift übertragen. Heute ist nur noch die lateinische Schrift gebräuchlich.

Im Kisuaheli haben Silben eine wichtige Rolle. Meist sind es mehrere Anfangs- und Endsilben, die sich um den Wortstamm ranken und z. B. Auskunft geben über Ein- und Mehrzahl eines Hauptwortes oder die Beugung eines Tätigkeitswortes.

In Tansania, Kenia und Uganda ist Kisuaheli neben Englisch zur wichtigsten Umgangssprache geworden. Weil Kisuaheli von fast allen Ostafrikanern als erste Fremdsprache erlernt wird, ist es als überregionale Sprache sehr homogen und wird auch nicht von Stammesquerelen beeinträchtigt. Es wird von allen gleichermaßen anerkannt und gesprochen. Man kann sich mit Kisuaheli auch in Ruanda, Burundi und in der östlichen Demokratischen Republik Kongo verständigen. Dort fließen jedoch sehr viel mehr Elemente einheimischer Dialekte sowie der französischen Sprache mit ein. Kisuaheli wird auch im nördlichen Malawi verstanden und gesprochen.

Zur geografischen Orientierung eine Karte mit den Gebieten Afrikas, in denen man Kisuaheli spricht:

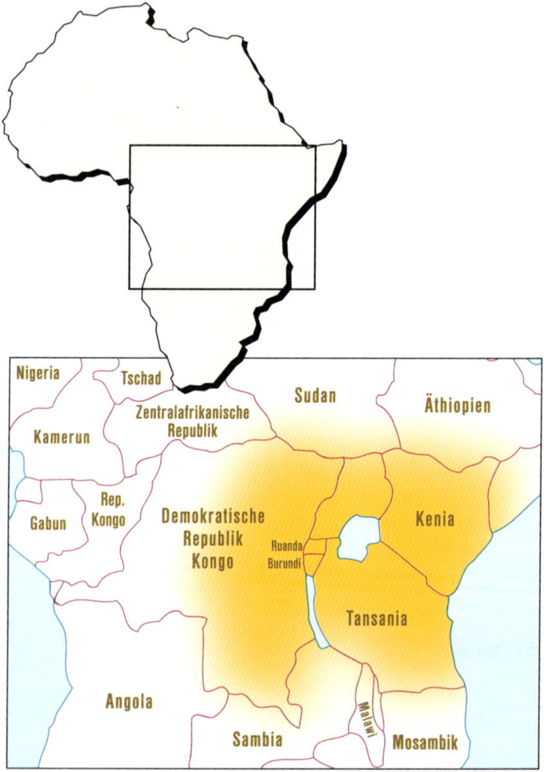

Aussprache & Betonung

Das Kisuaheli-Alphabet hat 24 Buchstaben, q und x fehlen. Die Aussprache ist dem Deutschen sehr ähnlich.

Mitlaute

Laut	Beispiel	Aussprache
ch	**chai** (Tee)	wie „tsch" in „Ma**tsch**"
dh	**kudhani** (glauben)	wie stimmhaftes engl. „th" in „**th**at"
gh	**ghali** (teuer)	raues „ch" wie in „Ba**ch**", aber stimmhaft
j	**jamaa** (Familie)	wie „dsch" in „**Dsch**ungel"
ng'	**ng'ombe** (Rind)	wie „ng" in „la**ng**", das „g" ist nicht als Einzellaut zu hören!
ng	**ngoma** (Trommel)	wie „ng" in „A**ng**elika", das „g" ist dabei als Einzellaut zu hören!
r	**msafiri** (Tourist)	wird leicht gerollt (wie im Italienischen)
s	**siafu** (Ameise)	stimmloses „s" wie in „Ma**s**t"
sh	**shaka** (Zweifel)	wie „sch" in „**Sch**ule"
th	**themanini** (achtzig)	wie stimmloses engl. „th" in „**th**under"
v	**kuvuta** (ziehen)	wie deutsches „w" in „**w**er"
w	**wali** (Reis)	Halblaut zwischen „u" und „w" wie in engl. „**w**ater"
y	**yeye** (er)	wie deutsches „j" in „**j**a"
z	**zaidi** (mehr)	stimmhaftes „s" wie in „Ro**s**e"

Selbstlaute

ai	**mayai** (Eier)	wie in „Ei"
ei	**bei** (Preis)	wie im englischen „m**ay**"
au	**-sahau** (vergessen)	wie in „laut"

Die Selbstlaute (Vokale) werden wie im Deutschen ausgesprochen. Stehen sie doppelt, werden sie lang ausgesprochen. Doppellaute werden zusammengezogen ausgesprochen, wobei man aber trotzdem die beiden Selbstlaute heraushören sollte.

Bis auf Eigennamen und den Satzanfang werden alle Wörter klein geschrieben. Die Betonung liegt in der Regel auf der vorletzten Silbe. Nur wenn das Wort auf zwei Selbstlauten endet, liegt die Betonung auf der letzten Silbe. Die beiden Selbstlaute werden zusammengezogen lang ausgesprochen. Die Bindestriche sollen hier nur die Silben kenntlich machen, die betonte Silbe ist unterstrichen:

ku-o-na	sehen
maan-da-zi	Kuchen
ku-fu-a-ta	folgen
ni-ta-kwen-da	ich werde gehen
ja-maa	Familie
choo	Toilette

Kauderwelsch-AusspracheTrainer

*Falls Sie sich die wichtigsten Kisuaheli Sätze, die in diesem Buch vorkommen, einmal von einem Einheimischen gesprochen anhören möchten, brauchen Sie den **AusspracheTrainer** zu diesem Buch. Sie bekommen ihn als **MP3-Download** über unseren Internetshop **www.reise-know-how.de** oder auf Audio-CD in Ihrer Buchhandlung. Alle Sätze, die Sie auf dem **Kauderwelsch-AusspracheTrainer** hören können, sind in diesem Buch mit einem Ohr (👂) gekennzeichnet.*

Wörter, die weiterhelfen

Gibt es ...?

Wenn Sie wissen möchten, was es im Restaurant zu essen gibt, und ob ein Bus zur nächsten Stadt geht, können Sie sich immer des Wörtchens kuna (es gibt) bedienen. Praktischerweise muss man dabei Einzahl und Mehrzahl nicht unterscheiden: kuna verändert sich nicht.

Kuna chakula?
es-gibt Essen-3
Gibt es etwas zu essen?

Kuna chai / kahawa?
es-gibt Tee / Kaffee
Gibt es Tee / Kaffee?

Kuna basi kwenda Nairobi / Mombasa?
es-gibt Bus-4 nach Nairobi / Mombasa
Gibt es einen Bus nach Nairobi / Mombasa?

kwenda *ist gleichzeitig Tätigkeitswort („gehen") und Verhältniswort („nach").*

Die verneinte Form von kuna lautet hakuna.

Hakuna basi kwenda Moshi / Arusha.
nicht-es-gibt Bus-4 nach Moshi / Arusha
Es gibt keinen Bus nach Moshi / Arusha.

Eine weitere positive und verneinte Form von „es gibt" wird auf Seite 75 erläutert.

ja / nein

Ndiyo.	**Hapana.**
ja	*nein*
Ja.	Nein.

Ist die Antwort hapana (nein), müssen Sie weiterfragen, hören Sie dagegen ein ndiyo (ja), haben Sie Glück gehabt. Wenn Sie dann noch wissen wollen, wo der Bus abfährt, benutzen Sie am besten wapi (wo?).

Wo ist ...?

Wapi choo?
wo Toilette-3
Wo ist die Toilette?

Wapi mkahawa?
wo Restaurant-2
Wo gibt es etwas zu essen?

hoteli *heißt zwar auch „Hotel", wird aber eher in der Bedeutung „Restaurant" benutzt!*

Wapi hoteli?
wo Hotel
Wo ist ein Restaurant?

In die vorhergehenden Sätze kann man z.B. auch folgende Wörter einsetzen:

duka la madawa *Geschäft-4 von Medizin-4*	Apotheke
daktari [4]	Arzt
benki	Bank (Geld)
stesheni	Bahnhof
kiwanja cha ndege *Grundstück-3 von Flugzeug*	Flugplatz
duka [4]	Geschäft (Laden)
hospitali	Krankenhaus
soko [4]	Markt
kituo cha polisi *Ort-3 von Polizei*	Polizeiwache
posta	Postamt
kituo cha petroli *Ort-3 von Benzin*	Tankstelle
gereji	Werkstatt

Die Ziffern geben dabei die Hauptwortklasse an. Weitere wichtige Fragen finden Sie auch in der rechten Umschlagklappe.

Hauptwörter

Artikel

Im Kisuaheli gibt es weder bestimmte („der, die, das") noch unbestimmte Artikel („ein, eine"). So kann z. B. kitabu „ein Buch", „das Buch" oder einfach nur „Buch" heißen.

Mehrzahl

Die Hauptwörter haben in der Einzahl (Singular, abgekürzt „Ez") charakteristische Anfangsbuchstaben, die in der Mehrzahl (Plural, abgekürzt „Mz") durch andere charakteristische Anfangsbuchstaben ersetzt werden (mit Ausnahme der 5., 7. und 8. Hauptwortklasse, s. u.). Hier zwei Beispiele (die Bindestriche stehen nur zur Verdeutlichung der Anfangsbuchstaben):

	Einzahl	Mehrzahl
Mensch	**m-tu**	**wa-tu**
Brot	**m-kate**	**mi-kate**

Hauptwortklassen

Statt unserer Unterscheidung der Hauptwörter in verschiedene grammatische Geschlechter (männlich, weiblich, sächlich) unterscheidet man im Kisuaheli 8 Klassen von Hauptwörtern, die nichts mit unserem Kriterium des Geschlechts zu tun haben. Leider muss man sich die Klassenzugehörigkeit der einzelnen Hauptwörter gut merken, denn sie ist entscheidend für die nähere Bestimmung eines Hauptwortes durch ein Eigenschaftswort oder eines besitzanzeigenden Wortes, für Relativsätze, den Gebrauch von hinweisenden Fürwörtern – eigentlich für den Aufbau eines jeden Satzes, der mehr als nur persönliche Fürwörter und ein Tätigkeitswort enthält.

1. Klasse / M-Wa-Klasse

Man erkennt die 1. Hauptwortklasse in der Einzahl an der Anfangssilbe m- oder mw-, die in der Mehrzahl durch die Anfangssilbe wa- ersetzt wird. Zu dieser Klasse gehören ganz überwiegend Hauptwörter, die Menschen benennen, also Berufsbezeichnungen, Status in der Familie und die natürlichen Geschlechtsbezeichnungen „Mann" und „Frau". In den Wörterlisten werden Hauptwörter, die dieser Klasse angehören, durch „[1]" gekennzeichnet. In der Wort-für-Wort-Übersetzung wird diese Ziffer (und auch bei den folgenden Hauptwortklassen) durch Bindestrich an das betreffende Hauptwort angeschlossen.

	Einzahl	Mehrzahl
Mensch	**mtu**	**watu**
Kind	**mtoto**	**watoto**
Schüler	**mwanafunzi**	**wanafunzi**

2. Klasse / M-Mi-Klasse

In diese Klasse gehören fast alle anderen Hauptwörter, die Lebewesen sowie viele Pflanzen, Teile der Natur und viele Körperteile benennen, aber auch vom Menschen geschaffene Nahrung. Diese Klasse kann man nur anhand der Mehrzahl-Vorsilbe mi- von der ersten Klasse unterscheiden, denn die Einzahl fängt ebenso mit m- oder mw- an. In den Wörterlisten werden Hauptwörter, die dieser Klasse angehören, durch „[2]“ gekennzeichnet.

	Einzahl	Mehrzahl
Brot	**mkate**	**mikate**
Baum	**mti**	**miti**
Jahr	**mwaka**	**miaka**

3. Klasse / Ki-Vi-Klasse

Die zu dieser Klasse gehörenden Wörter lassen sich thematisch nur schwer einordnen. Es sind jedoch meist von Menschen geschaffene konkrete Gegenstände. Sie beginnen in der Einzahl mit ki- oder ch-, in der Mehrzahl mit vi- bzw. vy- (vor Selbstlauten). In den Wörterlisten werden Hauptwörter, die dieser Klasse angehören, durch „[3]“ gekennzeichnet.

	Einzahl	Mehrzahl
Buch	**kitabu**	**vitabu**
Mahlzeit	**chakula**	**vyakula**
Moskitonetz	**chandalua**	**vyandalua**

4. Klasse / Ma-Klasse

Zu dieser Klasse gehören hauptsächlich Hauptwörter, die Früchte oder Pflanzenteile bezeichnen. Des weiteren gehören in diese Klasse Fremdwörter (z.B. jibu „Antwort", kommt aus dem Arabischen) und Abstrakta (z.B. „Idee"). Die Einzahl erkennt man daran, dass sie keine festgelegte Anfangssilbe hat, d. h. kein m- oder mw-, kein ki- oder ch-,kein n-, kein u- oder w-, kein ku- oder kw- hat. Für die Mehrzahl wird jedoch immer ma- vorangestellt. In den Wörterlisten werden Hauptwörter, die dieser Klasse angehören, durch „[4]" gekennzeichnet.

	Einzahl	Mehrzahl
Feld	**shamba**	**mashamba**
Ei	**yai**	**mayai**
Antwort	**jibu**	**majibu**

5. Klasse / N-Klasse

Die meisten Hauptwörter gehören dieser Klasse an. Einzahl und Mehrzahl sind hier identisch. Sie fangen meistens mit n-, ny- oder m- an. Dass sie aber nicht immer mit n- anfangen, liegt an der sogenannten „N-Regel" (s. 25). In den Wörterlisten und in der Wort-für-Wort-Übersetzung werden diese Hauptwörter nicht gekennzeichnet!

	Einzahl/Mehrzahl
Vater, Väter	**baba**
Land, Länder	**nchi**
Regen	**mvua**
Mücke, Mücken	**mbu**
Schlange, Schlangen	**nyoka**

6. Klasse / U-Klasse

Alle Hauptwörter dieser Klasse beginnen in der Einzahl mit u- oder w-. Dieses u- / w- ersetzt man in der Mehrzahl zunächst durch n-. Danach muss aber noch die N-Regel angewandt werden. Daher kann die Mehrzahl auch mit m-, ny- oder nd- anfangen (die meisten Mehrzahlwörter haben ny-). Würde n- nach dem Ersetzen von u- oder w- vor einem Buchstaben stehen, der kein n- duldet, entfällt diese Vorsilbe n- komplett (s. Beispiel ukurasa).

Da viele abstrakte Begriffe (wie z.B. ujuzi „Wissen") in dieser Klasse zu finden sind, ist in den meisten Fällen eine Mehrzahlbildung gar nicht möglich. In den Wörterlisten werden Hauptwörter, die dieser Klasse angehören, durch „[6]" gekennzeichnet.

Machen Sie die Probe: u-/w- werden zu n-, aber n- vor Selbstlauten wird zu ny-, n- vor k- wird nicht geduldet, es entfällt; n- vor b- wird zu m-, n- und l- werden zu nd-.

	Einzahl	Mehrzahl
Gabel	**uma**	**nyuma**
Lied	**wimbo**	**nyimbo**
Sauberkeit	**usafi**	**—**
Seite	**ukurasa**	**kurasa**
Holzbrett	**ubao**	**mbao**
Zunge	**ulimi**	**ndimi**

N-Regel

Die N-Regel beschreibt, wie sich der Buchstabe n vor bestimmten Anfangsbuchstaben, vor die es gesetzt werden soll, verwandelt. Die N-Regel wird nur bei der Bildung der Mehrzahl in der 6. Hauptwortklasse und bei der Beugung der Eigenschaftswörter in der 5. und 6. Hauptwortklasse angewandt. Beachten Sie das Kürzel „N!" in der „Übersichtstabelle Hauptwortklassen" in der Umschlagklappe.

Beachten Sie, dass bei der Mehrzahlbildung in der 6. Hauptwortklasse zunächst der Anfangsbuchstabe u- bzw. w- durch n- ersetzt werden muss, bevor die N-Regel zum Tragen kommt!

Das n- wird ersetzt bzw. bleibt unverändert oder entfällt wie folgt:

n- vor ...	wird zu ...
ch, d, g, j, z	**n-** *(bleibt unverändert)*
b, p, v	**m-**
a, e, i, o, u	**ny-**
l, r	**nd-** *(**l**, **r** entfallen dabei!)*
f, h, k, m, n, s, t, w, y	*(Vorsilbe entfällt ganz)*

Natürlich gibt es Wörter, die mit na-, ne-, ni-, no- und nu- anfangen. Diese sind aber nicht aufgrund der N-Regel gebildet worden!

Hier zwei Beispiele mit Eigenschaftswörtern, bei denen die N-Regel angewandt wurde:

barabara nyembamba	**njia ndefu**
Straße eng	*Weg lang*
enge Straße	langer Weg

Die Eigenschaftswörter lauten ungebeugt -embamba *und* -refu.

7. Klasse / Pa-Klasse: mahali

Diese Klasse besteht nur aus dem Wort mahali, was etwa „Platz“ oder „Ort“ bedeutet. Einzahl und Mehrzahl sind identisch.

8. Klasse / Ku-Klasse

Ich setze hier „Grundform“ in Anführungszeichen, weil dieser Infinitiv im Kisuaheli eben keine Wörterbuchform wie im Deutschen darstellt.

Diese Klasse umfasst alle „Grundformen“ von Tätigkeitswörtern, die im Satz wie Hauptwörter verwendet werden. Dabei wird dem Stamm des Tätigkeitsworts ein ku- (bzw. kw- bei den Ausnahmen -enda „gehen“ und -isha „beendet werden, zu Ende gehen“) vorangestellt. Eine Mehrzahlform gibt es nicht:

-cheka [ku]	lachen	**kucheka**	(das) Lachen
-enda [kw]	gehen	**kwenda**	(das) Gehen

In den Wörterlisten im Text und im Anhang werden diese Tätigkeitswörter (bzw. Wortstämme) mit den in ecki
ge Klammern gestellten Kürzeln „[ku]“ bzw. „[kw]“ gekennzeichnet. Beim Voranstellen des angegebenen Kürzels erhalten Sie also den Infinitiv des Tätigkeitswortes, die jedoch auch wie ein Hauptwort (der 8. Hauptwortklasse) verwendet werden kann.

Von Bedeutung sind vor allem die ersten sechs Klassen. Die 7. und 8. Klasse spielen eine eher untergeordnete Rolle. Deshalb werde ich im folgenden hauptsächlich nur auf diese ersten 6 Klassen eingehen.

Unregelmäßige Mehrzahlformen

Falls eine Mehrzahlform unregelmäßig gebildet wird, steht diese ausgeschrieben in Klammern hinter der Einzahlform. Zum Glück gibt es jedoch nicht allzu viele Ausnahmen.

Übersichtstabelle Hauptwortklassen

Da die Hauptwortklassen nicht nur für die Mehrzahlbildung von Bedeutung ist, sondern auch für die anderen Wortarten, habe ich eine Übersichtstabelle erstellt, die Ihnen, je weiter Sie in der Grammatik fortschreiten, desto nützlicher sein wird – auch wenn sie Ihnen im ersten Moment verwirrend erscheint. Sie finden Sie in der linken Umschlagklappe. Am besten lassen Sie diese aufgeschlagen. Ich werde in den nachfolgenden Grammatikkapiteln immer wieder darauf verweisen.

Altes Haus in Daressalam, Tansania

Der besitzanzeigende Fall

Um Besitzverhältnisse anzuzeigen, wird zwischen die betreffenden Hauptwörter (d. h. „Besitzer“ und „Besitztum“) ein Verbindungswort gestellt, das unserem deutschen „des / der“ entspricht (und in der Wort-für-Wort-Übersetzung mit „von“ umschrieben wird). Das besitzanzeigende Wort richtet sich nach der Klassenzugehörigkeit des vorangegangenen Hauptwortes und danach, ob dieses in der Einzahl oder Mehrzahl steht.

Die besitzanzeigenden Wörter finden Sie in der Übersichtstabelle „Hauptwortklassen“ in der linken Umschlagklappe.

Die Reihenfolge, um ein Besitzverhältnis auszudrücken, ist:

„Besitz“ – Besitzanzeiger-Wort – „Besitzer“

Nicht gekennzeichnete Hauptwörter gehören immer der 5. Hauptwortklasse an.

watoto wa rafiki
Kinder-1 von Freund
die Kinder des Freundes

rangi za nguo
Farben von Kleid
die Farben des Kleides

vyumba vya hoteli
Zimmer-3 von Hotel
die Zimmer des Hotels

Achtung: Wenn das vorangegangene Hauptwort ein Lebewesen bezeichnet, aber nicht der 1. Klasse angehört, muss trotzdem das besitzanzeigende Wort der 1. Hauptwortklasse verwendet werden:

mama wa mtoto
Mutter von Kind-1
die Mutter des Kindes

rafiki wa mgeni
Freund/e von Gast
der Freund / die Freunde des Gastes

kondakta wa treni
Schaffner-4 von Zug
der Schaffner des Zuges

Übrigens wird in der Umgangssprache die Mehrzahl von rafiki *oft als* marafiki *gebildet, aber trotzdem wie ein Hauptwort der 5. Klasse behandelt.*

Zusammengesetzte Hauptwörter

Mit den besitzanzeigenden Wörtern bildet man auch die Kisuaheli-Entsprechungen unserer zusammengesetzten Hauptwörter, z.B.:

mlango wa chumba
Tür-2 von Zimmer-3
Zimmertür

tikiti ya basi / ndege / treni
Fahrschein von Bus-4 / Flugzeug / Zug
Busfahrschein / Flugschein / Bahnfahrkarte

kiwanja cha ndege
Grundstück-3 von Flugzeug
Flughafen

Besitzanzeigende Fürwörter

Die besitzanzeigenden Fürwörter (Possessivpronomen) werden aus dem besitzanzeigenden Wort und den besitzanzeigenden Nachsilben zusammengesetzt. Das besitzanzeigende Wort richtet sich wieder nach der jeweiligen Hauptwortklasse des Hauptwortes, auf das es sich bezieht. Beim Zusammensetzen des Fürwortes ist zu beachten, dass das -a des besitzanzeigenden Wortes immer entfällt (es bleiben also nur noch die Mitlaute übrig)! Anders als im Deutschen ist das besitzanzeigende Fürwort nachgestellt.

Klasse	Ez /	Mz	+	Nachsilben	
1.	w- /	w-	...	-angu	mein(e)
2.	w- /	y-	...	-ako	dein(e)
3.	ch-/	vy-	...	-ake	sein(e)/ihr(e)
4.	l- /	y-	...	-etu	unser(e)
5.	y- /	z-	...	-enu	euer/eure
6.	w- /	z-	...	-ao	ihr(e) (Mz)

mtoto wangu
Kind-1 mein
mein Kind

watoto wangu
Kinder-1 meine
meine Kinder

mtoto wako
Kind-1 dein
dein Kind

mtoto wake
Kind-1 sein/ihr(Ez)
sein/ihr Kind

kitabu chake
Buch-3 sein/ihr
sein/ihr Buch

vitabu vyake
Bücher-3 seine/ihre
seine/ihre Bücher

shamba letu
Feld-4 unser
unser Feld

mashamba yetu
Felder-4 unsere
unsere Felder

nchi yenu
Land euer
euer Land

nchi zenu
Länder eure
eure Länder

Zentrum von Mombasa, Kenia

Dieses & Jenes

Wie die besitzanzeigenden Fürwörter sind auch die hinweisenden Fürwörter (Demonstrativpronomen) „diese(r, -s)“ und „jene(r, -s)“ dem Hauptwort, auf das sie sich beziehen, nachgestellt. Darüber hinaus richten sie sich ebenfalls nach dessen Klassenzugehörigkeit und Zahl.

	diese (-r, -s)		**jene (-r, -s)**	
Klasse	Ez	Mz	Ez	Mz
1.	**huyu**	**hawa**	**yule**	**wale**
2.	**huu**	**hii**	**ule**	**ile**
3.	**hiki**	**hivi**	**kile**	**vile**
4.	**hili**	**haya**	**lile**	**yale**
5.	**hii**	**hizi**	**ile**	**zile**
6.	**huu**	**hizi**	**ule**	**zile**

mtoto huyu
Kind-1 dieses
dieses Kind

watoto hawa
Kinder-1 diese
diese Kinder

mtoto yule
Kind-1 jenes
jenes Kind

watoto wale
Kinder-1 jene
jene Kinder

mti huu
Baum-2 dieser
dieser Baum

kitabu kile
Buch-3 jenes
jenes Buch

Eigenschaftswörter

Im Gegensatz zum Deutschen stehen im Kisuaheli die Eigenschaftswörter (Adjektive) immer nach dem Hauptwort, auf das sie sich beziehen. Es werden drei Arten von Eigenschaftswörtern unterschieden, und zwar:

Eigenschaftswörter, die ...
1. mit einem Mitlaut beginnen,
2. mit einem Selbstlaut beginnen,
3. arabischen Ursprungs sind.

Eigenschaftswörter mit Selbst- / Mitlaut

Die Eigenschaftswörter der ersten beiden Kategorien werden in den Wörterlisten immer mit einem Bindestrich vor ihrem Wortstamm kenntlich gemacht, z. B.:

-dogo	klein
-ingi	viele

Diese Wortstämme werden immer durch eine klassenspezifische Vorsilbe ergänzt, die oft mit der Anfangssilbe des Bezugswortes übereinstimmt. Die richtigen Vorsilben finden Sie in der „Übersichtstabelle Hauptwortklassen" in den Spalten „Eigenschaftswort beginnt mit Mitlaut" bzw. „Eigenschaftswort beginnt mit Selbstlaut".

Das sieht dann für die ersten sechs Hauptwortklassen wie folgt aus:

Eigenschaftswörter, die mit einem Mitlaut beginnen

mtoto mdogo *Kind-1 klein* das kleine Kind	**watoto wadogo** *Kinder-1 kleine* die kleinen Kinder
mti mkubwa *Baum-2 groß* der große Baum	**miti mikubwa** *Bäume-2 große* die großen Bäume
kisu kikali *Messer-3 scharf* das scharfe Messer	**visu vikali** *Messer(Mz)-3 scharfe* die scharfen Messer

In der 4. Klasse Ez. erhält ein Eigenschaftswort, das mit Mitlaut beginnt, keine Vorsilbe.

Das Eigenschaftswort -pya *(neu) bildet in der Einzahl eine Ausnahme. In der 5. Klasse sind Ein- und Mehrzahl identisch.*

tunda baya *Frucht-4 schlecht* die schlechte Frucht	**matunda mabaya** *Früchte-4 schlechte* die schlechten Früchte
gari jipya *Auto-4 neu* das neue Auto	**magari mapya** *Autos-4 neue* die neuen Autos
nyumba nzuri *Haus schön* das schöne Haus	**nyumba nzuri** *Häuser schöne* die schönen Häuser
ukuta mrefu *Mauer-6 hoch* die hohe Mauer	**kuta ndefu** *Mauern-6 hohe* die hohen Mauern

Die Beispiele können natürlich auch ohne oder mit dem unbestimmten Artikel übersetzt werden, also z.B. mtoto mdogo „(ein) kleines Kind, das kleine Kind“.

Bitte beachten Sie, dass für Ez und Mz der 5. und Mz der 6. Hauptwortklasse die N-Regel beachtet werden muss. Dem Eigenschaftswort wird dazu ein n- vorangestellt, auf das dann die N-Regel angewandt wird (siehe S. 25).

Eigenschaftswörter, die mit einem Selbstlaut beginnen

Bei Eigenschaftswörtern, die mit einem Selbstlaut beginnen, sehen die Vorsilben etwas anders aus. Hier einige Beispiele:

mtoto mwema
Kind-1 nett
das nette Kind

watoto wema
Kinder-1 nette
die netten Kinder

kiatu cheusi
Schuh-3 schwarz
der schwarze Schuh

viatu vyeusi
Schuhe-3 schwarze
die schwarzen Schuhe

njia nyembamba
Weg/e schmal/e
der schmale Weg, die schmalen Wege

mama mwema
Mutter/Mütter nette/n
die nette Mutter, die netten Mütter

Eigenschaftswörter, die sich auf Lebewesen beziehen

Bezieht sich ein Eigenschaftswort auf ein Hauptwort, das ein Lebewesen bezeichnet, richtet sich die Vorsilbe – unabhängig von der Hauptwortklasse dieses Hauptworts – immer nach der 1. Hauptwortklasse!

jogoo mkubwa	**majogoo wakubwa**
Hahn-4 groß	*Hähne-4 große*
der große Hahn	die großen Hähne

Die Eigenschaftswörter können durch nachgestelltes sana (sehr) oder durch ein besitzanzeigendes Fürwort ergänzt werden:

muda mrefu sana	**rafiki zangu wazuri**
Weile-2 lange sehr	*Freunde meine gute*
eine sehr lange Zeit	meine guten Freunde

Eigenschaftswörter arabischen Ursprungs

Am einfachsten ist die dritte Gruppe: Eigenschaftswörter arabischen Ursprungs verändern sich überhaupt nicht. Sie erhalten also keine Vorsilben. Deshalb werden diese in den Wörterlisten auch **nicht** wie die nicht-arabischen mit einem Bindestrich gekennzeichnet:

maskini	arm
tayari	fertig
bora	beste (-r, -s)
ghali	teuer
rahisi	billig
safi	sauber, rein

choo safi
Klo-3 sauber
sauberes Klo

maembe ghali
Mangos-4 teure
teure Mangos

Als einziges Eigenschaftswort steht kila *(jede, -r, -s) vor dem Hauptwort, auf das es sich bezieht.* kila *ist unveränderlich.*

kila mwaka
jedes Jahr-2
jedes Jahr

kila nchi
jedes Land
jedes Land

Eigenschaftswörter als Satzergänzung

Ein Eigenschaftswort, das mit Hilfe des Verbs „sein" als Ergänzung der Satzaussage (Prädikat) verwendet wird, richtet sich ebenfalls nach dem Hauptwort, auf das es sich bezieht:

Kila kazi ni ngumu.
Jede Arbeit ist schwer.

Bestimmt es aber als Umstandswort andere Tätigkeitswörter näher, wird vor den Stamm des Eigenschaftswortes die Vorsilbe vi- (vor Mitlaut) bzw. vy- (vor Selbstlaut) gehängt, z.B.:

-zuri	wird zu	**vizuri**	schön
-baya	wird zu	**vibaya**	schlecht
-epesi	wird zu	**vyepesi**	schnell

Anafanya kazi vigumu.
er/sie-machen Arbeit schwer
Er/sie arbeitet schwer.

kazi *(Arbeit) gehört hier zum Tätigkeitswort:* kufanya kazi *heißt „arbeiten".*

Anaimba vizuri sana.
er/sie-singt schön sehr
Er/sie singt sehr schön.

Wichtige Eigenschaftswörter

-zuri	gut, schön	**-baya**	schlecht
-dogo	klein, jung	**-kubwa**	groß
-chache	wenige	**-ingi**	viele
-ema	gut, nett	**-baya**	böse
-zee	alt (Mensch)	**-a zamani**	alt (Dinge)
-pya	neu		
baridi	kalt	**joto**	warm, heiß
-tamu	süß (Geschmack)	**-chungu**	bitter, sauer
-gonjwa	krank	**-zima**	gesund
ghali	teuer	**rahisi**	billig
tajiri	reich	**maskini**	arm
dhaifu	schwach	**-enye nguvu**	stark
-gumu	schwierig	**-zito**	schwer (Gewicht)
rahisi	leicht, einfach		
safi	sauber	**-chafu**	schmutzig
polepole	langsam	**-epesi**	schnell
wazi	offen	**-tupu**	leer
-fupi	kurz	**-refu**	lang
sawasawa	richtig		

Beim Eigenschafts-Ausdruck -a zamani „alt“ steht das -a stellvertretend für das besitzanzeigende Wörtchen, das sich in Klasse und Zahl nach dem Hauptwort richtet. Es handelt sich also um eine Besitz-Konstruktion.

Einige Eigenschaftswörter, wie z. B. „voll“, „falsch“, „geschlossen“ gibt es als solche nicht im Kisuaheli. Im allgemeinen muss man sich in diesen Fällen mit einem Tätigkeitswort behelfen und einen Relativsatz bilden. So würde man z. B. „das geschlossene Fenster“ umschreiben mit:

dirisha limelofungwa
Fenster-4 es-ist-welches-geschlossen
das Fenster, das geschlossen worden ist
= das geschlossene Fenster

Die Bildung dieser Form ist jedoch recht kompliziert und wird in diesem Kauderwelsch nicht weiter erklärt. Nur soviel: -lo- ist die Relativsilbe und -fungwa der Passiv-Stamm des Tätigkeitswortes kufunga.

Einfacher ist die Bildung mit dem Wörtchen -enye (besitzend) und einem passenden Hauptwort, mit dem man das gewünschte Eigenschaftswort umschreiben kann, z. B. -enye nguvu „stark" (wörtl. „besitzend Kraft"). Vor -enye werden die besitzanzeigenden Wörter gesetzt, wobei das Endungs-a entfällt, z. B.:

watu wenye nguvu
Menschen-1 von-besitzend Kraft
starke / kräftige Menschen

mtu mwenye nguvu
Mensch-1 von-besitzend Kraft
starker / kräftiger Mensch

Ähnlich verhält es sich mit dem Wörtchen -enyewe (selbst). Auch hier werden die besitzanzeigenden Wörter zur Bildung benutzt:

mimi mwenyewe
ich selbst

sisi wenyewe
wir selbst

Farben	
-eupe	weiß
manjano	gelb
-enye rangi ya machungwa *besitzend Farbe von Apfelsinen-4*	orange
-ekundu	rot
buluu	blau
kijani	grün
kijivu	grau
-a kikahawiya *von kaffeefarben*	braun
-eusi	schwarz
-enye mwanga *besitzend Licht-2*	hell
-enye giza *besitzend Dunkelheit*	dunkel

kiti cha kikahawiya
Tisch-3 von kaffeefarben
der braune Tisch

chumba chenye mwanga
Zimmer-3 von-besitzend Licht-2
ein helles Zimmer

vyumba vyenye mwanga
Zimmer(Mz)-3 von-besitzend Licht-2
helle Zimmer

Persönliche Fürwörter

Für die persönlichen Fürwörter (Personalpronomen) gibt es im Kisuaheli jeweils eine Kurz- und eine Langform. Die Langform verwendet man nur in Verbindung mit ni oder si (unveränderliche bejahende bzw. verneinende Gegenwartsform des Hilfsverbs „sein"). Die Kurzform ist hingegen eine Vorsilbe, die vor den Stamm des Tätigkeitswortes tritt. Im Folgenden wird sie Kennsilbe genannt.

Eine Sie-Anrede gibt es im Kisuaheli nicht, man verwendet immer die du-Form.

Langform	Kennsilben (1. Klasse)	
mimi	**ni-...**	ich
wewe	**u-...**	du
yeye	**a-...**	er / sie / es
sisi	**tu-...**	wir
ninyi	**m-...**	ihr
wao	**wa-...**	sie (Mz)

Das Hilfsverb „sein" sowie die Tätigkeitswörter werden in den nachfolgenden Kapiteln behandelt. Hier nur einige Beispiele:

Mimi ni mgonjwa.
ich bin krank
Ich bin krank.

Wao si tajiri.
sie sind-nicht reich
Sie sind nicht reich.

Die Gegenwartsform des Hilfsverbs „sein" lautet ni *und ist unveränderlich. Deshalb kann sie in der Wort-für-Wort-Übersetzung mit „bin, bist, ist ..." übersetzt werden!*

Die Verwendung der Kurzform soll hier am Tätigkeitswort kucheka (lachen) gezeigt werden. Der Stamm lautet -cheka; -na- ist die Zeit-Vorsilbe für die Gegenwart. Die Bindestriche dienen hier nur der besseren Orientierung:

Richten Sie Ihr Augenmerk hier nur auf die Kennsilben. Die Bildung der Tätigkeitswörter wird später erklärt.

ni-nacheka	ich lache
u-nacheka	du lachst
a-nacheka	er / sie lacht
tu-nacheka	wir lachen
m-nacheka	ihr lacht
wa-nacheka	sie lachen

Wenn zusätzlich das persönliche Fürwort in der Langform hinzugefügt wird, soll eine besondere Betonung ausgedrückt werden.

Wao wanasoma.
sie sie-lesen
Sie lesen!

Rush hour in Daressalam, Tansania

Sein & Haben

Die Grundform (Infinitiv) des Verbs „sein“ lautet kuwa, der Stamm dazu heißt -wa.

Gegenwart

Die Gegenwartsform des Hilfverbs „sein“ lautet für die Gegenwart ni, unabhängig von Person oder Zahl. Hier wird immer die Langform des persönlichen Fürwortes verwendet.

Bitte beachten Sie, dass das Hilfswort „sein“, anders als im Deutschen, nicht zur Bildung der zusammengesetzten Zeiten (z. B. „er ist gekommen“, „er war gewesen“) herangezogen wird. Es wird nur verwendet, wenn es um ein „reales Vorhandensein“ geht!

Mimi ni msafiri.	Ich bin ein Tourist.
Wewe ni msafiri.	Du bist ein Tourist.
Yeye ni msafiri.	Er / sie ist Tourist(in).
Sisi ni wasafiri.	Wir sind Touristen.
Ninyi ni wasafiri.	Ihr seid Touristen.
Wao ni wasafiri.	Sie sind Touristen.

msafiri *(Tourist/in) wird der 1. Hauptwortklasse zugeordnet.*

Verneinung der Gegenwart

Ebenso einfach ist die Verneinung. „Nicht sein“ heißt si, ebenfalls unabhängig von der Person oder Zahl. Wiederum wird stets die Langform des persönlichen Fürwortes verwendet.

Mimi si msafiri. Ich bin kein/nicht Tourist.
Wewe si msafiri. Du bist kein/nicht Tourist.
usw.

Vergangenheit, Zukunft Vergangenheit und Zukunft von „sein“ bildet man jedoch vom Infinitiv kuwa. Hier verwendet man nun nicht die Langform der persönlichen Fürwörter, sondern stellt die Kennsilbe vor die Grundform. Zwischen Kennsilbe und Grundform wird allerdings noch eine Zeitsilbe, nämlich für die Vergangenheit -li- bzw. für die Zukunft -ta-, eingeschoben. Das Bildungsschema ist also:

Kennsilbe – Zeitsilbe – Grundform

Verneinung der Vergangenheit und Zukunft Für die Verneinung wird der positiven Form ha- (bzw. h- für „du“ und „er, sie“) vorangestellt. Die 1. Person Einzahl („ich“) ist eine Ausnahme (s. Tabelle). Darüber hinaus entfällt in der Vergangenheit die Zeitsilbe -li-.

Die positiven und verneinten Formen von Gegenwart und Zukunft lauten:

	Vergangenheit		Zukunft	
	ja	nein	ja	nein
ni- (ich)	**nilikuwa** *ich war*	**sikuwa** *ich war nicht*	**nitakuwa** *ich werde sein*	**sitakuwa** *ich werde n. sein*
u- (du)	**ulikuwa**	**hukuwa**	**utakuwa**	**hutakuwa**
a- (er/sie/es)	**alikuwa**	**hakuwa**	**atakuwa**	**hatakuwa**
tu- (wir)	**tulikuwa**	**hatukuwa**	**tutakuwa**	**hatutakuwa**
m- (ihr)	**mlikuwa**	**hamkuwa**	**mtakuwa**	**hamtakuwa**
wa- (sie Mz)	**walikuwa**	**hawakuwa**	**watakuwa**	**hawatakuwa**

haben

Der Infinitiv für „haben“ lautet kuwa na, der Stamm ist -wa na. Das Hilfsverb „haben“ hat mit „sein“ sehr viel gemeinsam.

Gegenwart und Verneinung

In der Gegenwart tritt die Kennsilbe jedoch vor das besondere Stammelement -na. Soll die Gegenwart verneint werden, wird der positiven Form ein ha- (bzw. h- für „du“ und „er, sie“) vorangestellt. Die 1. Person Einzahl („ich“) ist wiederum eine Ausnahme.

Auch die Zeitformen von „haben“ werden nicht zur Bildung von zusammengesetzten Zeiten (z.B. „ich habe geschlafen“) herangezogen.

	Gegenwart	
	ja	**nein**
ni- (ich)	**nina** *ich habe*	**sina** *ich habe nicht*
u- (du)	**una**	**huna**
a- (er/sie/es)	**ana**	**hana**
tu-(wir)	**tuna**	**hatuna**
m- (ihr)	**mna**	**hamna**
wa- (sie Mz)	**wana**	**hawana**

Beachten Sie: Für alle Zeitformen von „haben“ werden immer nur die Kennsilben der persönlichen Fürwörter verwendet!

Nina mkate.
ich-habe Brot-2
Ich habe ein Brot.

Sina gari.
ich-nicht-habe Auto-4
Ich habe kein Auto.

Vergangenheit / Zukunft und Verneinung In allen anderen Zeitstufen (auch in der Verneinung) kombiniert man lediglich die Formen von „sein“ mit dem nachgestellten Element na, deshalb verzichte ich hier auf eine ausführliche tabellarische Darstellung.

nilikuwa ich war	**nilikuwa na** ich hatte
sikuwa ich war nicht	**sikuwa na** ich hatte nicht
nitakuwa ich werde sein	**nitakuwa na** ich werde haben
sitakuwa ich werde nicht sein	**sitakuwa na** ich werde nicht haben

„First & Last Bar“ in Tansania

Tätigkeitswörter

Grundform

Der Infinitiv eines Tätigkeitswortes (Verbs) ist zusammengesetzt aus:

ku- + Verbstamm	
ku-cheka	lachen
ku-anza	beginnen
ku-itwa	heißen, genannt werden

kw- + Verbstamm (einzige Ausnahmen)	
kw-enda	gehen
kw-isha	beendet werden, zu Ende gehen

In den Wörterlisten finden Sie Tätigkeitswörter nicht unter der Grundform, sondern unter ihrem Verbstamm, da die einheitlichen Vorsilben eine alphabetische Gruppierung der Wörter erschweren würden. Allerdings habe ich die Infinitiv-Vorsilben doch jeweils in eckigen Klammern ergänzend nachgestellt.

Rückbezügliche oder passive Tätigkeitswörter werden genauso wie nicht-rückbezügliche oder nicht-passive Tätigkeitswörter gebeugt. Der Verbstamm enthält dabei die gesamte rückbezügliche oder passive Bedeutung.

ku-kumbuka	sich erinnern
ku-fungwa	geschlossen werden

Die Grundform bildet übrigens die 8. Hauptwortklasse (vergleichen Sie nochmal mit dem Kapitel „Hauptwörter“ auf Seite 26):

ku-cheka	lachen; (das) Lachen

Zeitform

Die drei Grundbestandteile jedes gebeugten Tätigkeitswortes sind:

Kennsilbe – Zeitsilbe – Verbstamm
... diese geben Auskunft über ...
Person (Subjekt) – Zeit – Tätigkeit

Kennsilbe

Werfen Sie zwischendurch einen einen Blick auf die Übersicht „Die Zeitformen im Überblick" auf S. 54/55. Die verschiedenen Veränderungen, denen das Tätigkeitswort unterworfen ist, lassen sich dann besser nachvollziehen.

Die Kennsilbe kennzeichnet die handelnde Person (das Subjekt / Satzgegenstand; kann auch Tier oder Gegenstand sein). Da sich die Kennsilben in der 3. Person danach richten, welcher Hauptwortklasse das Subjekt angehört, enthält die „Übersichtstabelle Hauptwortklassen" in der Umschlagklappe auch eine Spalte über die Verb-Kennsilben.

Wazazi wanarudi.
Eltern-1 sie-zurückkommen
Die Eltern kehren zurück.

In der 1. Hauptwortklasse wird bei den Kennsilben noch zwischen der 1., 2. und 3. Person Ez und Mz unterschieden, in allen anderen Klassen nur zwischen Einzahl und Mehrzahl. Es gibt dort nur die 3. Person.

Bitte beachten Sie: Bei Lebewesen sind ungeachtet ihrer Klassenzugehörigkeit die Kennsilben der 1. Hauptwortklasse zu verwenden!

Jogoo anapiga kelele.
Hahn er-schlägt Krach
Der Hahn macht Krach.

Basi linaondoka.
Bus-4 er-abfährt
Der Bus fährt ab.

Zeitsilbe

Die „Zeitsilbe“ tritt zwischen Kennsilbe und Verbstamm und zeigt die Zeitstufe an, in der das Tätigkeitswort steht. In der Wort-für-Wort-Übersetzung wird die grammatische Zeitstufe des Tätigkeitsworts mit angegeben. Die Zeitsilbe wird aber nicht besonders hervorgehoben.

Die Zeitsilben lauten für die ...

Gegenwart:	**-na-**
Zukunft:	**-ta-**
Vergangenheit:	**-li-**

Verbstamm

Der Verbstamm, die für die Bildung der Verbformen relevante, eigentliche „Grundform“ des Verbs, erhält man, wenn man vom Infinitiv dessen Vorsilbe ku- wegstreicht. In dieser Form stehen die Verben in den Wörterlisten.

Anatafuta posta.
sie-sucht Postamt
Sie sucht das Postamt.

Nitaandika barua.
ich-werde-schreiben Brief
Ich werde einen Brief schreiben.

Tutalala katika hoteli.
wir-werden-schlafen in Hotel
Wir werden im Hotel schlafen.

Nilifika kwa treni.
ich-ankam mit Zug
Ich bin mit dem Zug angekommen.

Beachten Sie:
Auch wenn der Satz im Kisuaheli in der einfachen Vergangenheit steht, wird er im Deutschen trotzdem oft in der vollendeten Gegenwart (Perfekt) formuliert.

Treffen bei der Bildung der Zeitform zwei Selbstlaute aufeinander, werden sie getrennt ausgesprochen.

Ataanza kesho.
er/sie-wird-beginnen morgen
Er/sie wird morgen anfangen.

Sasa tunaendelea kwa safari.
jetzt wir-weitermachen mit Safari
Jetzt setzen wir die Safari fort.

Dies erklärt dann auch die Formen von „sein" auf S. 44.

Bei Tätigkeitswörtern, deren Verbstamm einsilbig ist, wie kula und kuja, sowie bei den Ausnahmen kwenda und kwisha bleiben die Grundformen auch bei der Beugung vollständig erhalten (es wird also nicht nur der Verbstamm verwendet).

Das vielseitige Verhältniswort -ni *(in, nach, zu) wird an das Hauptwort, auf das es sich bezieht, einfach angehängt.*

Mtoto anakwenda shuleni.
Kind-1 es-geht Schule-in
Das Kind geht in die Schule.

Tulikula sokoni.
wir-aßen Markt-4-auf
Wir haben auf dem Markt gegessen.

Watakuja kesho nyumbani.
sie-werden-kommen morgen Haus-nach
Sie werden morgen nach Hause kommen.

Wichtige Tätigkeitswörter

kuondoka	abreisen	**kupenda**	lieben
kuanza	anfangen	**kupendelea**	lieber mögen
kufika	ankommen	**kulala**	liegen, schlafen
kujibu	antworten	**kufanya**	machen, tun
kufanya kazi	arbeiten	**kukodi**	mieten
kusimama	aufstehen	**kupenda**	mögen
kupata	bekommen	**kuchukua**	nehmen, tragen
kulipa	bezahlen	**kuita**	nennen, rufen
kuomba	bitten um	**kufungua**	öffnen
kubaki	bleiben	**kusafiri**	reisen
kufikiri	denken	**kusema**	sagen, sprechen
kuwa na kiu	durstig sein	**kufunga**	schließen
kuingia	eintreten	**kulia**	schreien, weinen
kula	essen	**kuona**	sehen, jdn. finden*
kupata	finden (Sachen)	**kuimba**	singen
kuruka	fliegen	**kucheza**	spielen
kuuliza	fragen	**kutafuta**	suchen
kupa	geben	**kupiga simu**	telefonieren
kupenda	gern haben	**kunywa**	trinken
kuitwa	heißen	**kutia sahihi**	unterschreiben
kusaidia	helfen	**kusahau**	vergessen
kuleta	holen	**kukopesha**	verleihen
kusikia	hören	**kupoteza**	verlieren
kuwa na njaa	hungrig sein	**kufahamu**	verstehen
kununua	(ein)kaufen	**kungoja**	warten
kujua	kennen, wissen	**kufua**	waschen (Kleidung)
kuja	kommen	**kunawa**	waschen (Hände)
kuishi	leben	**kuoga**	baden, sich waschen
kujifunza	lernen	**kukaa**	wohnen
kusoma	lesen	**kuonyesha**	zeigen

(*kuona heißt auch „finden", allerdings nur in Bezug auf Personen!)

Umgangssprache

Übrigens setzt sich in der Umgangssprache für einige Tätigkeitswörter immer mehr eine Kurzform durch, die besonders in kurzen Gesprächen auf dem Markt, im Restaurant, am Busbahnhof häufig zu hören ist. Prinzipiell liegt man mit der korrekt gebeugten Form zwar immer richtig, wenn man aber nun ausdrücken will, dass man dieses oder jenes „will", entfällt dadurch in der Gegenwart die Kennsilbe ni- („ich"). Gebräuchlich sind vor allem folgende drei Kurzformen:

napenda	statt	**ninapenda**	ich möchte gern
nataka	statt	**ninataka**	ich will
naomba	statt	**ninaomba**	ich bitte um

© Peter Rump

Straßenszene in Tansania

Können, wollen, müssen

kuweza	können
kutaka	wollen
kupenda	lieben, mögen
kuruhuswa	erlaubt sein, dürfen
kuwa lazima	notwenig sein, müssen

Kombiniert man diese Hilfswörter mit Tätigkeitswörtern, so steht das Tätigkeitswort im Infinitiv (also ku- + Verbstamm):

Ninataka kula.
ich-will essen
Ich will essen.

Tulitaka kubaki hapa.
wir-wollten bleiben hier
Wir wollten hier bleiben.

Hapa inaruhuswa kuvuta sigara.
hier es-ist-erlaubt ziehen Zigarette
Hier dürfen wir rauchen.

Die Entsprechung für das Hilfsverb „müssen" wird mit dem Ausdruck ni lazima (es ist notwendig) gebildet. Das Tätigkeitswort, auf das es sich bezieht, steht dabei im Konjunktiv (Möglichkeitsform). Hierbei wird die Kennsilbe direkt mit dem Stamm des Tätigkeitswortes kombiniert. Das Endungs -a wird außerdem durch -e ersetzt

Man versteht Sie auch, wenn Sie das betreffende Tätigkeitswort einfach ganz normal beugen oder im Infinitiv verwenden.

Ni lazima niondoke / **tuondoke.**
es-ist-notwendig ich-solle-abreisen / wir-sollen-abreisen
Ich muss / wir müssen abreisen.

	Gegenwart „ja"	Gegenwart „nein"	Vergangenheit „ja"
kutaka (wollen) – *als Beispiel für regelmäßige Tätigkeitswörter*			
ich	**ni-na-taka** *ich will*	**si-taki** *ich will nicht*	**ni-li-taka** *ich wollte*
du	**u-na-taka**	**hu-taki**	**u-li-taka**
er, sie, es	**a-na-taka**	**ha-taki**	**a-li-taka**
wir	**tu-na-taka**	**ha-tu-taki**	**tu-li-taka**
ihr	**m-na-taka**	**ha-m-taki**	**m-li-taka**
sie (Mz)	**wa-na-taka**	**ha-wa-taki**	**wa-li-taka**
kuja (kommen) – *als Beispiel für einsilbige Tätigkeitswörter*			
ich	**ni-na-kuja** *ich komme*	**si-ji** *ich komme nicht*	**ni-li-kuja** *ich kam*
du	**u-na-kuja**	**hu-ji**	**u-li-kuja**
er, sie, es	**a-na-kuja**	**ha-ji**	**a-li-kuja**
wir	**tu-na-kuja**	**ha-tu-ji**	**tu-li-kuja**
ihr	**m-na-kuja**	**ha-m-ji**	**m-li-kuja**
sie (Mz)	**wa-na-kuja**	**ha-wa-ji**	**wa-li-kuja**
kwenda (gehen) – *zusammen mit* **kwisha** (zu Ende gehen) *die einzigen Ausnahmen!*			
ich	**ni-na-kwenda** *ich gehe*	**si-endi** *ich gehe nicht*	**ni-li-kwenda** *ich ging*
du	**u-na-kwenda**	**hu-endi**	**u-li-kwenda**
er, sie, es	**a-na-kwenda**	**ha-endi**	**a-li-kwenda**
wir	**tu-na-kwenda**	**ha-tu-endi**	**tu-li-kwenda**
ihr	**m-na-kwenda**	**ha-mw-endi**	**m-li-kwenda**
sie (Mz)	**wa-na-kwenda**	**ha-wa-endi**	**wa-li-kwenda**

Achtung: kwisha (zu Ende gehen) wird zwar wie kwenda gebeugt, ist aber aufgrund seiner Bedeutung nicht in allen Zeiten gebräuchlich und auch nicht auf Personen anwendbar. Meistens steht es mit der Zeitsilbe -me-, die die vollendete Gegenwart ausdrückt (s. S. 59), z.B. mkate umekwisha (das Brot ist alle).

Vergangenheit	Zukunft	
„nein“	*„ja“*	*„nein“*
si-ku-taka	**ni-ta-taka**	**si-ta-taka**
ich wollte nicht	*ich werde wollen*	*ich werde nicht wollen*
hu-ku-taka	**u-ta-taka**	**hu-ta-taka**
ha-ku-taka	**a-ta-taka**	**ha-ta-taka**
ha-tu-ku-taka	**tu-ta-taka**	**ha-tu-ta-taka**
ha-m-ku-taka	**m-ta-taka**	**ha-m-ta-taka**
ha-wa-ku-taka	**wa-ta-taka**	**ha-wa-ta-taka**
si-kuja	**ni-ta-kuja**	**si-ta-kuja**
ich kam nicht	*ich werde kommen*	*ich w. nicht kommen*
hu-kuja	**u-ta-kuja**	**hu-ta-kuja**
ha-kuja	**a-ta-kuja**	**ha-ta-kuja**
ha-tu-kuja	**tu-ta-kuja**	**ha-tu-ta-kuja**
ha-m-kuja	**m-ta-kuja**	**ha-m-ta-kuja**
ha-wa-kuja	**wa-ta-kuja**	**ha-wa-ta-kuja**
si-kwenda	**ni-ta-kwenda**	**si-ta-kwenda**
ich ging nicht	*ich werde gehen*	*ich werde nicht gehen*
hu-kwenda	**u-ta-kwenda**	**hu-ta-kwenda**
ha-kwenda	**a-ta-kwenda**	**ha-ta-kwenda**
ha-tu-kwenda	**tu-ta-kwenda**	**ha-tu-ta-kwenda**
ha-m-kwenda	**m-ta-kwenda**	**ha-m-ta-kwenda**
ha-wa-kwenda	**wa-ta-kwenda**	**ha-wa-ta-kwenda**

Verneinung

Bei der Verneinung von Tätigkeitswörtern tritt vor die Kennsilbe die verneinende Vorsilbe ha-. Nur die ersten drei Personen Einzahl („ich, du, er/sie") der 1. Hauptwortklasse (M-Wa) tanzen aus der Reihe. Anstatt die Vorsilbe ha- einzufügen, wird die Kennsilbe durch die nachfolgenden Vorsilben ersetzt. Diese Ausnahme gilt für alle (verneinten) Zeiten und auch für einsilbige Tätigkeitswörter.

si-	ich nicht
hu-	du nicht
ha-	er / sie / es nicht

Gegenwart

Außerdem entfällt bei der Verneinung der Gegenwart die Zeitsilbe na-. Das Endungs-a des Verbstamms wird durch -i ersetzt. Endet der Verbstamm nicht auf -a, bleibt er unverändert. In der verneinten Gegenwart entfällt immer die Vorsilbe ku- der Grundform.

kuona ist regelmäßig. Zur besseren Aussprache wird jedoch bei der verneinten 2. Person Mz ein -w- zwischen m- und -o geschoben. Es heißt also hamwoni, nicht etwa „hamoni".

ku-ona (sehen; finden [nur Personen])			
„ja"		„nein"	
ni-na-ona	ich sehe	**si-oni**	ich sehe nicht
u-na-ona	du siehst	**hu-oni**	... nicht
a-na-ona	er/sie sieht	**ha-oni**	... nicht
tu-na-ona	wir sehen	**ha-tu-oni**	... nicht
m-na-ona	ihr seht	**ha-mw-oni**	... nicht
wa-na-ona	sie sehen	**ha-wa-oni**	... nicht

Die Vorsilbe ku- der Grundform verlieren in der verneinten Gegenwart also auch diejenigen Tätigkeitswörter, deren Stamm einsilbig ist, z.B. kula (essen) oder kuja (kommen), sowie auch das unregelmäßige Verb kwenda (gehen).

ni-na-ku-la	ich esse	**si-li**	... nicht
ni-na-ku-ja	ich komme	**si-ji**	... nicht
ni-na-kw-enda	ich gehe	**si-endi**	... nicht

Sili nyama yo yote.
nicht-ich-esse Fleisch irgendein
Ich esse überhaupt kein Fleisch.

Sioni kituo cha basi.
nicht-ich-sehe Stelle-3 von Bus-4
Ich finde die Bushaltestelle nicht.

Hatuendi kuogelea leo.
nicht-wir-gehen schwimmen heute
Wir gehen heute nicht schwimmen.

Treni haiondoki sasa.
Zug er-nicht-abfährt jetzt
Der Zug fährt nicht jetzt ab.

Kwa bahati mbaya yeye hawezi kuja.
mit Glück schlecht er/sie nicht-kann kommen
Leider kann er / sie nicht kommen.

Hatuwezi kuona hoteli.
nicht-wir-können sehen Restaurant
Wir können das Restaurant nicht finden.

Vergangenheit

In der Vergangenheit tritt bei der Verneinung ein -ku- an die Stelle der Zeitsilbe -li-. Nur bei den einsilbigen Verben sowie kwenda und kwisha entfällt diese Zeitsilbe ganz, außerdem behalten sie ihre Infinitivform bei.

ni-li-weza	ich konnte	**si-ku-weza**	... nicht
ni-li-kuja	ich kam	**si-kuja**	... nicht
ni-li-kwenda	ich ging	**si-kwenda**	... nicht

Hakupiga simu rafiki.
nicht-er/sie-schlug Telefon Freund
Er / sie hat den Freund nicht angerufen.

Zukunft

Die Zeitsilbe -ta- für die Zukunft verändert sich (auch für die unregelmäßigen Tätigkeitswörter) bei der Verneinung nicht. Die einsilbigen Tätigkeitswörter sowie kwenda und kwisha behalten wieder ihre Infinitivform bei.

„ja“		*„nein“*
ni-ta-soma	ich werde lesen	**si-ta-soma**
ni-ta-ku-ja	ich w. kommen	**si-ta-ku-ja**
ni-ta-kw-enda	ich w. gehen	**si-ta-kw-enda**

Ndege haitaondoka kesho.
Flugzeug nicht-es-wird-losgehen morgen
Das Flugzeug wird morgen nicht fliegen.

Weitere Zeitformen

Neben diesen drei Zeitformen gibt es natürlich noch weitere Zeitformen, von denen ich nur die zwei wichtigsten nennen möchte:

Zeitsilbe -me- (Vollendete Gegenwart)

Während die Zeitsilbe -li- immer dann steht, wenn die Handlung in der Vergangenheit beendet wurde, drückt die Zeitsilbe -me- die vollendete Gegenwart aus.

Treni imefika Nairobi / Mombasa.
Zug er-ist-angekommen Nairobi / Mombasa
Der Zug ist in Nairobi / Mombasa eingetroffen.

Watoto wamelala.
Kinder-1 sie-haben-sich-hingelegt
Die Kinder sind eingeschlafen.

Basi limesimama.
Bus-4 er-hat-angehalten
Der Bus hat angehalten.

Nimesimama.
ich-bin-aufgestanden
Ich stehe.

Chakula kimekwisha.
Essen-3 es-ist-ausgegangen
Das Essen ist alle.

Verneinung von -me- Die Verneinung erfolgt wie in der Vergangenheitszeit mit der Zeitsilbe -ku-, die hier die Zeitsilbe -me- ersetzt.

tu-me-lala	**ha-tu-ku-lala**
wir haben geschlafen	... nicht geschlafen

Zeitsilbe -mesha-, „schon/bereits“ Wichtig ist auch die Zeitsilbe -mesha-. Sie drückt aus, wenn etwas bereits getan worden ist. In der Wort-für-Wort-Übersetzung wird sie deshalb mit „schon“ übersetzt.

Ameshafika hapa.
er/sie-ist-schon-angekommen hier
Er/sie ist hier schon eingetroffen.

Tumeshakula chakula cha mchana.
wir-haben-schon-gegessen Essen-3 von Tag
Wir haben bereits zu Mittag gegessen.

Mama ameshakwenda ofisini.
Mutter sie-ist-schon-gegangen Büro-in
Mutter ist schon ins Büro gegangen.

Verneinung von -mesha-, „noch nicht“ Bei der Verneinung wird die Zeitsilbe -mesha- (schon) durch -ja- (noch nicht) ersetzt.

Rafiki yangu hajaandika barua.
Freund mein hat-noch-nicht-geschrieben Brief
Mein Freund hat noch keinen Brief geschrieben.

Eigenschaftswörter (Adjektive) haben im Kisuaheli keine eigene Steigerungsform. Statt dessen können ihnen die Wörter sana (sehr), zaidi (mehr) oder bora (am besten) nachgestellt werden. In Vergleichssätzen verwendet man kuliko (als) oder kama (wie).

sana	sehr
zaidi	mehr
bora	am besten
kama	wie
kuliko	als
kabisa	absolut, ganz und gar

1. Steigerungsstufe

Basi hili linakwenda muda mrefu zaidi.
Bus-4 dieser er-geht Zeitraum-2 lange mehr
Dieser Bus fährt länger.

Baiskeli yako ni nzuri zaidi.
Fahrrad dein ist schön mehr.
Dein Fahrrad ist schöner.

Mwanafunzi huyu anajifunza vizuri zaidi kuliko wengine.
Schüler-1 dieser er-lernt gut mehr als andere
Dieser Schüler lernt besser als die anderen.

Anafanya kazi zile vizuri kabisa.
er/sie-macht Arbeiten jene schön absolut
Er/sie macht jene Arbeiten ausgezeichnet.

2. Steigerungsstufe **viatu bora**
Schuhe-3 beste
die besten Schuhe

chakula bora
Essen-3 am besten
eine ausgezeichnete Mahlzeit

chakula bora kabisa
Essen-3 am besten absolut
die beste Mahlzeit überhaupt

nyuma kabisa
hinten absolut
ganz hinten

Dik Dik = Zwergantilope

Satzergänzungen

Satzergänzende Hauptwörter (Objekte) werden im Kisuaheli anders als im Deutschen nicht gebeugt.

Baba alisoma kitabu hiki.
Vater er-las Buch-3 dieses
Vater hat dieses Buch gelesen.

Msafiri alinunua tikiti yake.
Tourist-1 er-kaufte Fahrschein sein
Der Tourist hat seinen Fahrschein gekauft.

Objektsilben

Will man die Satzergänzung besonders betonen, kann man in das Tätigkeitswort noch eine sogenannte „Objektsilbe" einbauen (im folgenden Beispiel unterstrichen), die sich nach der Hauptwortklasse und nach Ein- oder Mehrzahl der Satzergänzung (hier: basi, rafiki) richtet. Die Objektsilben findet man in der „Übersichtstabelle Hauptwörter" in der Umschlagklappe. Das Bildungsschema der Silben im Tätigkeitswort ist demnach:

Kennsilbe-Zeitsilbe-Objektsilbe-Verbstamm

Tunalitafuta basi lile.
wir-ihn-suchen Bus-4 jenen
Wir suchen jenen Bus.

Tuliwakuta rafiki zetu.
wir-sie-trafen Freunde unsere
Wir haben unsere Freunde getroffen.

Weil man jedoch den Sinn der Satzergänzung auch ohne Objektsilbe normalerweise gut versteht, kann man auf dieses Detail verzichten.

Wem? oder Wen?

Die sechs Objektsilben der 1. Hauptwortklasse werden jedoch nicht zur Betonung eingesetzt, sondern beantworten ganz allgemein die Fragen „wem?“ oder „wen?“. Die Reihenfolge der Silben innerhalb des Tätigkeitswortes ist wiederum:

Kennsilbe-Zeitsilbe-Objektsilbe-Verbstamm

Die Objektsilben der 1. Klasse lauten:

-ni-	mir / mich
-ku-	dir / dich
-m-	ihm / ihr / ihn / sie (Ez)
-tu-	uns
-wa-	euch
-wa-	ihnen / sie (Mz)

Die Objektsilben sind in den folgenden Beispielen unterstrichen:

Rafiki yako alituona.
Freund dein er-uns-sah
Dein Freund hat uns gesehen.

Tutakuandika barua.
wir-werden-dir-schreiben Brief
Wir werden dir einen Brief schreiben.

Kondakta ali<u>ni</u>pa tikiti ya basi.
Schaffner-4 er-<u>mir</u>-gab Fahrschein von Bus-4
Der Schaffner hat mir den Busfahrschein gegeben.

Mwenyeji ali<u>ni</u>pa ufunguo wa nyumba yake.
Eigentümer-1 er-<u>mir</u>-gab Schlüssel-6 des Hauses sein
Der Eigentümer hat mir den Schlüssel seines Hauses gegeben.

Befehlsform

Es gibt zwei unterschiedliche Befehlsformen (Imperativ): einmal die befehlende und zum zweiten die höflichere, bittende Form.

Befehlsform

Die Befehlsform besteht in der Einzahl aus dem Verbstamm, für die Mehrzahl wird ein -ni angehängt. Außerdem wird in der Mehrzahl ein -a am Wortende des Verbstamms durch -e ersetzt.

kungoja	warten	**Ngoja!**	Warte!	**Ngojeni!**	Wartet!
kuona	sehen	**Ona!**	Sieh!	**Oneni!**	Seht!

Sehr häufig werden die folgenden Befehlsformen benutzt (kwenda und kuja sind unregelmäßig):

kuleta	bringen	**Lete!**	Bring!	**Leteni!**	Bringt!
kwenda	gehen	**Nenda!**	Geh!	**Nendeni!**	Geht!
kuja	kommen	**Njoo!**	Komm!	**Njooni!**	Kommt!

Höfliche Aufforderung

Wenn man höflich auffordern will, also um etwas bittet, verwendet man die zweite Imperativform. Sie wird aus der Kennsilbe der 2. Person Einzahl u- bzw. Mehrzahl m- sowie dem Verbstamm gebildet. Auch hier wird ein -a am Wortende des Verbstamms durch ein -e ersetzt. Diese Form des Tätigkeitswortes ist die Möglichkeitsform (Konjunktiv), die in der Wort-für-Wort-Übersetzung mit „sollen“ plus Tätigkeitswort wiedergegeben wird.

Das Wörtchen tafadhali *(bitte) darf hierbei nicht fehlen!*

Ungoje tafadhali!
du-sollst-warten bitte
Würdest du bitte warten!

Tafadhali unipe sigara!
bitte du-sollst-mir-geben Zigarette
Bitte gib mir eine Zigarette!

Mpike chakula tafadhali!
ihr-sollt-kochen Essen-3 bitte
Würdet ihr bitte das Essen kochen!

Eine höfliche Aufforderung wird verneint, indem man zwischen Kennsilbe und Verbstamm die Silbe -si- einsetzt.

Usinywe maji yale tafadhali!
du-nicht-sollst-trinken Wasser-4 jenes bitte
Bitte trink nicht jenes Wasser!

Usivute sigara!
du-nicht-sollst-ziehen Zigarette
Rauchen verboten!

Relativsätze

Auch die Relativsilben stehen in der „Übersichtstabelle Hauptwortklassen“ in der Umschlagklappe!

Im Kisuaheli kann man Relativsätze auf zwei Arten bilden. Ich möchte hier jedoch nur auf die einfachere eingehen, die mit amba- gebildet wird. An amba- wird die sogenannte Relativsilbe gehängt, welche sich nach Zahl und Klasse des Bezugswortes richtet.

treni ambayo inakwenda Moshi
Zug welcher er-geht Moshi
der Zug, der nach Moshi fährt
(oder einfach nur:) der Zug nach Moshi

kaka yangu ambaye anavuta sigara
Bruder mein welcher er-zieht Zigaretten
mein Bruder, der raucht

Tunatafuta basi ambalo litakwenda Dar kesho.
wir-suchen Bus-4 welcher er-wird- gehen Dar morgen
Wir suchen den Bus, der morgen nach Dar(essalam) fährt.

Das unbestimmte Fürwort „irgendein“ wird übrigens auch mit der Relativsilbe gebildet:

Hauptwort – Relativsilbe – Relativsilbe + -ote

Die Relativsilbe verliert in Kombination mit -ote (alle) ihren Selbstlaut!

mtu ye yote
Mensch-1 welcher welcher-alle
irgendein Mensch

Fragen

Satzfragen

Satzfragen sind Fragen, auf die man nur mit „ja" oder „nein" antworten kann. Der entsprechende Aussagesatz wird einfach fragend ausgesprochen.

Moses yuko nyumbani.
Moses er-irgendwo Haus-in
Moses ist zu Hause.

Moses yuko nyumbani?
Moses er-irgendwo Haus-in
Ist Moses zu Hause?

Ergänzungsfragen

Ergänzungsfragen werden mit Fragewörtern gebildet. Die Satzstellung bleibt unverändert. Das Fragewort steht im Allgemeinen am Satzende.

wapi	wo?, wohin?, woher?
nini	was?
gani	welche (-r, -s)?
lini	wann?
nani	wer?, wem?, wen?
kwa nini	warum? *durch was*
-ngapi	wieviel?, wie viele?

Rafiki yako anatoka wapi?
Freund dein er-kommt woher
Woher kommt dein Freund?

Wapi (wo?, wohin?, woher?) kann auch am Satzanfang ohne Tätigkeitswort stehen. Das geht aber nur dann, wenn es sich um das (in diesem Fall nicht vorhandene) Tätigkeitswort ni „sich befinden“ handelt.

Wapi hoteli?
wo Restaurant
Wo ist das Restaurant?

Unafanya kazi gani?
du-machst Arbeit welche
Was arbeitest du?

Kwa nini hamtaki kula chakula hiki?
warum nicht-ihr-wollt essen Mahlzeit-3 diese
Warum wollt ihr dies nicht essen?

Unafikiri nini?
du-denkst was
Was denkst du?

Basi ambalo linakwenda ... litaondoka lini?
Bus-4 welcher er-geht... er-wird-abfahren wann
Wann wird der Bus nach ... abfahren?

-ngapi wird wie ein Eigenschaftswort behandelt, richtet sich also in Klasse und Zahl nach dem Hauptwort, auf das es sich bezieht.

Die richtigen Vorsilben finden Sie wieder in der „Übersichtstabelle Hauptwortklassen“ in der Umschlagklappe.

shilingi ngapi?
Shilling wieviele
wie viele Shilling?

wasafiri wangapi?
Touristen-1 wieviele
wie viele Touristen?

Unapenda maembe mangapi?
du-möchtest-gern Mangos-4 wieviele
Wie viele Mangos möchten Sie?

Watu wangapi wanakwenda mpaka Mwanza?
Menschen-1 wieviele sie-gehen bis Mwanza
Wie viele Menschen fahren bis Mwanza?

Zur Verstärkung eines Fragesatzes kann man ein je an den Satzanfang stellen, was soviel heißt wie „sag(t) mal ...“:

Je, unaitwa nani?
sag-mal, du-wirst-gerufen wer
Wie heißt du? / Wie heißen Sie?

Je, kuna chakula gani hapa?
sag(t)-mal, es-gibt Essen-3 welches hier
Was für Essen gibt es hier?

Je, nani hajanunua tikiti yake?
sagt-mal, wer noch-nicht- hat-gekauft Fahrschein sein
Wer hat noch keinen Fahrschein?

Bindewörter

Die Bindewörter (Konjunktionen) werden in der Regel wie im Deutschen verwendet:

na	und
au	oder
lakini	aber
kwa sababu	weil, denn
baada ya	nachdem
kabla ya	bevor
kama	wenn (Bedingung)
ama ... ama	entweder ... oder
wala ... wala	weder ... noch
kama	wie (vergleichend)
kwamba	dass

wewe na mimi
du und ich

Ninapenda kula nyama ya ng'ombe au kuku.
ich-möchte-gern essen Fleisch von Rind oder Huhn
Ich möchte gern Rindfleisch oder Huhn essen.

ama *gibt es nur in dieser festen Zusammensetzung und kann nicht alleinstehend gebraucht werden. Dasselbe gilt für* wala ... wala.

Tutaondoka ama Alhamisi ama Ijumaa.
wir-werden-abfahren oder Donnerstag oder Freitag
Wir werden entweder am Donnerstag oder am Freitag wegfahren.

Maria alikwenda nyumbani kwa sababu amechoka.
Maria sie-ging Haus-nach mit Grund sie-ist-geworden-müde
Maria ist nach Hause gegangen, weil sie müde ist.

Alisema kwamba anapenda kulala.
sie-sagte dass sie-möchte-gern schlafen
Sie hat gesagt, dass sie schlafen will.

Das zeitliche „als" und „wenn" gibt es nicht als selbständiges Wort. Man kann es nur mit Hilfe einer Silbe bilden, die zwischen Zeitsilbe und Verbstamm steht. In Vergangenheitssätzen lautet die Silbe -po-, in Zukunftssätzen lautet sie -kapo-, z.B.:

nilipofika nyumbani
ich-als-kam Haus-in
als/nachdem ich zu Hause eingetroffen bin

rafiki aliporudi
Freund er-als-zurückkam
als / nachdem der Freund zurückgekommen ist

atakaporudi nyumbani
er-wird-wenn-zurückkommen Haus-nach
wenn er nach Hause zurückgekommen sein wird

Ortsbestimmungen

Um eine Ortsbestimmung auszudrücken, braucht man in der Gegenwart kein Tätigkeitswort. Man kombiniert lediglich die Kennsilbe (für das Subjekt des Satzes) mit den unten angeführten Ortssilben. In der 1. Hauptwortklasse stellt die 3. Person Einzahl (er, sie, es) jedoch eine Ausnahme dar: Anstelle der Kennsilbe a- verwendet man yu-.

		bezeichnet einen ...
-po	*(genau)*	genau bestimmten Ort
-ko	*(irgendwo)*	unbestimmten Ort
-mo	*(drinnen)*	innenliegenden Ort

Darüber hinaus werden in der Antwort die folgenden Ortsangaben ergänzt:

hapa	hier	**pale**	dort
huku	hier irgendwo	**kule**	dort irgendwo
humu	hier drinnen	**mle**	dort drinnen

Die Kennsilbe richtet sich nach der Klassenzugehörigkeit des Hauptwortes. Für Lebewesen werden ungeachtet ihrer Klassenzugehörigkeit die Kennsilben der 1. Hauptwortklasse verwendet.

Baba yuko?
Vater er-irgendwo
Ist Vater hier irgendwo?

Yupo hapa.
er-genau hier
Er ist hier.

Choo kiko wapi?
Klo-3 es-irgendwo wo
Wo ist das Klo?

Choo kipo pale.
Klo-3 es-genau dort
Das Klo ist dort.

Mkate uko wapi?	**Ndiyo, mkate upo hapa.**
Brot-2 es-irgendwo wo	*ja, Brot-2 es-genau hier*
Gibt es Brot?	Ja, Brot ist da.

Für die Verneinung wird die verneinende Vorsilbe ha- vorangestellt:

Baba hayupo.	**Mkate haupo.**
Vater nicht-er-genau	*Brot-2 nicht-es-genau*
Vater ist nicht da.	Es gibt kein Brot.

In der Umgangssprache kann man auch auf die drei folgenden Wörter zurückgreifen, die diese verwirrende Vielfalt an Ortsbestimmungen etwas vereinfachen:

kuna / iko	es gibt
hakuna / hamna	es gibt nicht

Hakuna choo hapa.
nicht-es-gibt Klo-3 hier
Es gibt kein Klo hier.

Hamna mayai leo.
nicht-es-gibt Eier-4 heute
Es gibt heute keine Eier.

Kuna maziwa?	**Hakuna maziwa.**
Iko maziwa?	**Hamna maziwa.**
es-gibt Milch-4	*nicht-es-gibt Milch-4*
Gibt es Milch?	Es gibt keine Milch.

Verhältniswörter

Die Verwendung von Verhältniswörtern (Präpositionen) wie „von, nach, bei, in, auf, aus, zu" usw. ist unkompliziert: Meistens wird lediglich ein -ni an das Hauptwort gehängt, auf das sich das deutsche Verhältniswort bezieht. Welches Verhältnis genau gemeint ist, erkennt man also nur aus dem Satzzusammenhang.

Das Verhältniswort -ni

Watoto hawako shuleni.
Kinder-1 nicht-sie-irgendwo Schule-in
Die Kinder sind nicht in der Schule.

Watoto wanakwenda shuleni.
Kinder-1 sie-gehen Schule-zur
Die Kinder gehen zur Schule.

Wapo barabarani.
sie-genau Straße-auf
Sie sind auf der Straße.

Mama yupo shambani.
Mutter sie-genau Feld-4-auf
Mutter ist auf dem Feld.

Tangu lini uko safarini?
seit wann du-irgendwo Reise-auf
Seit wann bist du auf Reisen

An Eigennamen wird -ni nicht angehängt:

Ninatoka Ulaya.
ich-herkomme Europa
Ich komme aus Europa.

Tutakwenda Nairobi.
wir-werden-gehen Nairobi
Wir werden nach Nairobi fahren.

Das Verhältniswort kwa

Neben der Nachsilbe -ni ist wohl das Verhältniswort kwa (u. a. „bei, für, mit, zu, nach") das wichtigste.

Sema kwa Kiingereza tafadhali!
sag auf Englisch-3 bitte
Sag es bitte auf Englisch!

Tulikuja kwa basi lile.
wir-kamen mit Bus-4 jenem
Wir sind mit jenem Bus gekommen.

Mlikwenda mjini kwa miguu?
ihr-gingt Stadt-2-in mit Füßen-2
Seid ihr zu Fuß in die Stadt gegangen?

Um kwa auf die persönlichen Fürwörter zu beziehen, muss man daran die besitzanzeigenden Nachsilben anschließen:

kwangu	bei mir	**kwetu**	bei uns
kwako	bei dir	**kwenu**	bei euch
kwake	bei ihm / ihr	**kwao**	bei ihnen

Das Endungs-a von kwa entfällt bei dieser Zusammensetzung.

Weitere Verhältniswörter

katika	auf, in, an	**kwa ajili ya**	wegen
mpaka	bis	**toka**	von
karibu na	nahe	**tangu**	seit
bila	ohne	**ila**	außer
kwenye	bei, an, auf	**kwenda**	nach

Tunataka kwenda mpaka Nairobi.
wir-wollen gehen bis Nairobi
Wir wollen bis Nairobi fahren.

kwenda *(gehen) wird auch als Verhältniswort in der Bedeutung „nach" verwendet.*

Rafiki yangu alifanya safari kwenda Ngorongoro kwa ajili ya wanyama huku.
Freund mein er-machte Safari nach Ngorongoro mit Zweck von Tiere-1 dort
Mein Freund ist wegen der dortigen Tiere zum Ngorongoro gereist.

Una nini katika sanduku lako?
du-hast was in Koffer-4 dein
Was haben Sie in Ihrem Koffer?

Hoteli yetu iko karibu na shule.
Hotel unser es-irgendwo Nähe haben Schule
Unser Hotel liegt in der Nähe der Schule.

Watoto walifanya kazi toka asubuhi mpaka jioni.
Kinder-1 sie-machten Arbeit von Morgen bis Abend
Die Kinder haben von morgens bis abends gearbeitet.

Zahlen & Zählen

Zahlen

0	**sifuri**		
1	**moja**	6	**sita**
2	**mbili**	7	**saba**
3	**tatu**	8	**nane**
4	**nne**	9	**tisa**
5	**tano**	10	**kumi**

Die Zahlen von 11-19 werden mit kumi (zehn) und der Einerzahl zusammengesetzt, die durch na (und; haben) verbunden werden:

11	**kumi na moja**	*zehn und eins*
12	**kumi na mbili**	*zehn und zwei*
13	**kumi na tatu**	
14	**kumi na nne**	
15	**kumi na tano**	
16	**kumi na sita**	
17	**kumi na saba**	
18	**kumi na nane**	
19	**kumi na tisa**	

Das Bildungsschema aller weiteren zusammengesetzten Zahlen lautet wie folgt. Beachten Sie, dass nur die Einerzahlen mit na (und) angefügt werden! Die größte Zahleneinheit steht immer zuerst.

Tausender – Hunderter – Zehner – na –Einer

20	**ishirini**	
21	**ishirini na moja** *zwanzig und eins*	
30	**thelathini**	
40	**arobaini**	
50	**hamsini**	
60	**sitini**	
70	**sabini**	
80	**themanini**	
90	**tisini**	
100	**mia moja** *hundert eins*	
101	**mia moja na moja** *hundert eins und eins*	
110	**mia moja na kumi** *hundert eins und zehn*	
111	**mia moja kumi na moja** *hundert eins zehn und eins*	
200	**mia mbili**	*hundert zwei*
1000	**elfu moja**	*tausend eins*
2000	**elfu mbili**	*tausend zwei*
10.000	**elfu kumi**	*tausend zehn*

zählen

Zahlwörter werden wie Eigenschaftswörter behandelt: Sie stehen nach dem Hauptwort, auf das sie sich beziehen. Eine Besonderheit ist dabei jedoch zu beachten: Beim Zählen mit den Zahlen 1 bis 5 sowie 8 werden die Vorsilben, die auch für die Eigenschaftswörter gelten, vor die Zahl gestellt. Darüber hinaus wird statt mbili (zwei) die Form -wili (zwei) verwendet. Aufgrund der N-Regel („N!") wird sie dann nur bei Hauptwörtern der 5. Hauptwortklasse und der 6. Klasse wieder zu mbili (vgl. „Übersichtstabelle Hauptwörter" in der Umschlagklappe).

Auch bei zusammengesetzten Zahlen muss diese Regel beachtet werden. Gebeugt werden allerdings nur die Einer.

wasafiri wawili
Touristen-1 zwei
zwei Touristen

watu mia mbili na wawili
Menschen-1 hundert zwei und zwei
202 Menschen

Da siku der 5. Klasse angehört, muss die N-Regel angewandt werden, die bei den Anfangsbuchstaben m-, n-, s- und t- allerdings keine Änderung bewirkt!

siku nane
Tage acht
acht Tage

siku kumi na mbili
Tage zehn und zwei
zwölf Tage

saa kumi na tano
Stunden zehn und fünf
15 Stunden

matunda ishirini na moja
Früchte-4 zwanzig und eins
21 Früchte

Eigenschaftswörter der 4. Hauptwortklasse Ez erhalten keine Anfangssilbe. moja *(eins) bleibt daher unverändert.*

katika mwaka elfu mbili na moja
in Jahr-2 tausend zwei und eins
im Jahr 2001

Rafiki yangu atarudi nyumbani baada ya siku tatu.
Freund mein er-wird-zurückkehren Haus-nach nach von Tagen drei
Mein Freund kehrt in drei Tagen nach Hause zurück.

Alter

Una miaka mingapi?
du-hast Jahre-2 wieviele
Wie alt bist du / sind Sie?

Nina miaka arobaini na miwili.
ich-habe Jahre-2 vierzig und zwei
Ich bin 42 Jahre alt.

Ordnungszahlen

Die Ordnungszahlen sind mit den Zahlwörtern identisch, Ausnahmen bilden lediglich kwanza (erste, -r, -s) und pili (zweite, -r, -s). Die Ordnungszahlen sind dem Hauptwort, auf das sie sich beziehen, nachgestellt. Sie werden allerdings nicht wie beim Zählen gebeugt. Zwischen Hauptwort und Ordnungszahl tritt nun noch das besitzanzeigende Wort, das sich nach der Hauptwortklasse des Hauptwortes richtet. In der Wort-für-Wort-Übersetzung wird dieses mit „von" übersetzt. (Zur Erinnerung: Die besitzanzeigenden Wörter finden Sie in der „Übersichtstabelle Hauptwortklassen" in der Umschlagklappe.)

Tunataka kwenda kwa basi la kwanza / pili / tatu.
wir-wollen gehen mit Bus-4 von erster / zweiter / drei
Wir wollen den ersten / zweiten / dritten Bus nehmen.

kwanza und pili werden nur verwendet, wenn sie allein stehen. In zusammengesetzten Ordnungszahlen werden die einfachen Zahlwörter verwendet.

mara ya kumi na moja / mbili
Mal von zehn und eins / zwei
das elfte / zwölfte Mal

mji mkubwa wa pili
Stadt-2 große von zweite
die zweitgrößte Stadt

Lete chakula cha tano tafadhali!
bring Essen-3 von fünf bitte
Bringen Sie bitte das fünfte Gericht!

Grundrechenarten

ongeza	plus, und
toa	minus, weniger
mara	mal
gawa kwa	geteilt durch
ni	ist (gleich)

Tatu mara tano ni kumi na tano.
drei mal fünf ist zehn und fünf
3 mal 5 ist gleich 15.

Bruchzahlen

nusu	1/2
theluthi	1/3
robo	1/4
theluthi mbili	2/3
robo tatu	3/4

nusu und robo stehen immer vor dem Hauptwort, auf das sie sich beziehen.

Ninapenda kununua nusu nanasi tu.
ich-möchte-gerne kaufen halbe Ananas-4 nur
Ich möchte nur eine halbe Ananas kaufen.

Zeit & Datum

Uhrzeit

Saa ngapi?
Stunden wieviele
Wie spät ist es?

Das 24-Stunden-System wird man in Ostafrika so gut wie nie vorfinden. Sogar im 12-Stunden-System wird im allgemeinen anders gezählt als bei uns. Man steht bei Sonnenaufgang (6 Uhr) auf und zählt um 7 Uhr morgens die erste Stunde. Das heißt, man muss jeweils sechs Stunden addieren, um auf unsere übliche Zeitangabe zu kommen.

Um die Uhrzeit anzugeben, stellt man saa (Stunde) lediglich die betreffende Zahl nach!

saa tatu asubuhi
Stunden drei Morgen
9 Uhr morgens

saa kumi na moja jioni
Stunden zehn und eins Abend
5 Uhr abends

saa tano usiku
Stunden fünf Nacht
11 Uhr nachts

saa *(Stunde) gehört der 5. Hauptwortklasse an. Da bei den Zahlen 1-5 und 8 die N-Regel nicht greift, verändern sie sich nicht!*

saa kumi na mbili asubuhi
Stunden zehn und zwei Morgen
6 Uhr morgens

Genauere Zeitangaben kann man mit nusu saa (halbe Stunde), robo saa (Viertelstunde) und dakika (Minute) machen. Weiterhin sind die bereits bekannten Wörter na (und) und kasoro (weniger, minus) wichtig.

saa moja na nusu
Stunde eins und Hälfte
7 Uhr 30, halb acht

saa tano na robo
Stunden fünf und Viertel
11 Uhr 15, viertel nach elf

kasorobo *ist aus* kasoro robo *zusammengezogen.*

saa kumi na moja kasorobo
Stunden zehn und eins weniger-Viertel
4 Uhr 45, viertel vor fünf

saa mbili na dakika ishirini
Stunden zwei und Minuten zwanzig
8 Uhr 20, zwanzig nach acht

Wochentage

Alle Wochentage und Monate gehören der 5. Hauptwortklasse an. Die Woche beginnt mit dem Samstag.

Jumamosi	Samstag
Jumapili	Sonntag
Jumatatu	Montag
Jumanne	Dienstag
Jumatano	Mittwoch
Alhamisi	Donnerstag
Ijumaa	Freitag

Monate

Die Monatsnamen sind aus dem Englischen abgeleitet worden.

Januari	Januar
Februari	Februar
Machi	März
Aprili	April
Mei	Mai
Juni	Juni
Julai	Juli
Agosti	August
Septemba	September
Oktoba	Oktober
Novemba	November
Desemba	Dezember

Datum

Um ein Datum zu nennen, benötigt man die Ordnungszahlen, die dem Monatsnamen nachgestellt sind. Das Wort tarehe (Datum) darf bei einer Datumsangabe nicht fehlen.

Tutakuja tarehe Septemba ya nne.
wir-werden-kommen Datum September von vier
Wir werden am 4. September kommen.

Amezaliwa tarehe Januari ya kumi katika mwaka elfu moja mia tisa hamsini na nane.
er-wurde-geboren Datum Januar von zehn in Jahr tausend eins hundert neun fünfzig und acht
Er wurde am 10. Januar 1958 geboren.

Allgemeine Zeitangaben

mchana [2]	Tag (Tageslicht)
siku	Tag (24 Stunden)
usiku	Nacht
asubuhi	Morgen
alasiri	Nachmittag
jioni	Abend
wiki, juma [4]	Woche
mwezi [2]	Monat
mwaka [2]	Jahr

juzi	vorgestern
jana	gestern
leo	heute
kesho	morgen
kesho kutwa	übermorgen
wiki ijayo *Woche sie-kommt-welche*	nächste Woche
mwezi ujao *Monat-2 er-kommt-welcher*	nächsten Monat
mwaka ujao *Jahr-2 es-kommt-welches*	nächstes Jahr
mara ijayo *Mal es-kommt-welches*	nächstes Mal
wiki iliyopita *Woche sie-welche-vorbeiging*	letzte Woche
mwezi uliopita *Monat-2 er-welcher-vorbeiging*	letzten Monat
mwaka uliopita *Jahr-2 es-welches-vorbeiging*	letztes Jahr
mara iliyopita *Mal es-welches-vorbeiging*	letztes Mal
sasa	jetzt
mara kwa mara *Mal mit Mal*	oft
mara chache *Male wenig*	manchmal
halafu	danach, dann
kila siku *jeder Tag*	täglich
juzijuzi *vorgestern-vorgestern*	neulich

Die relativen Zeitangaben „nächster" und „letzter" sind in Wirklichkeit Tätigkeitswörter. Das Bildungsschema ist:

„nächste/r/s ..."

Kennsilbe – Verbstamm – Relativsilbe		
i-	-ja-	-yo
u-	-ja-	-o

„letzte/r/s ..."

Kennsilbe – Zeitsilbe – Relativsilbe – Verbst.			
i-	-li-	-yo-	-pita
u-	-li-	-o-	-pita

Kennsilbe und Relativsilbe richten sich wieder nach in Klasse und Zahl nach dem Hauptwort, auf das sie sich beziehen.

wiki moja iliyopita
Woche eine sie-welche-vorbeiging
vor einer Woche

katika siku mbili
in Tagen zwei
in zwei Tagen

kwa saa tatu
für Stunden drei
drei Stunden lang

Maße & Gewichte

milimeta	Millimeter
sentimeta	Zentimeter
meta	Meter
kilometa	Kilometer
gramu	Gramm
kilo	Kilogramm
lita	Liter
maili	Meile (1.609 m)
galoni	Gallone (4,5 l)
debe [4]	Debe (18 l)

Kilo moja ya ndizi ni shilingi ngapi?
Kilogramm eins von Bananen ist Shilling wieviele
Wieviel kostet ein Kilo Bananen?

Ninapenda kununua madebe matano ya viazi.
ich-möchte-gern kaufen Deben-4 fünf von Kartoffeln
Ich möchte 5 Deben Kartoffeln.

Gramu mia moja za makorosho ni shilingi ngapi?
Gramm hundert eins von Cashew-Nüsse-4 sind Shilling wieviele
Wieviel kosten 100 g Cashew-Nüsse?

Chupa hii ina lita ngapi?
Flasche diese sie-hat Liter wieviel
Wieviel Liter sind in dieser Flasche?

© Jean Francçois Lefevre@fotolia.com

Samburu-Frauen in Kenia

Obwohl Ostafrika inzwischen von vielen verschiedenen Religionen und Konfessionen missioniert worden ist, wird man an vielen Stellen immer noch auf sehr einheitliche, „afrikanische" Moralvorstellungen treffen. Auch wenn einem diese ungeschriebenen Gesetze vielleicht sehr konservativ erscheinen, muss man sie als Gast unbedingt einhalten, um nicht Unmut auf sich zu ziehen. Da das Leben in den Großstädten ähnlich wie in europäischen Metropolen vor sich geht, treffen die folgenden Empfehlungen hauptsächlich auf die ländlichen Gebiete Ostafrikas zu.

Natürlich sollte man immer **höflich** sein, auch wenn es einem schwerfällt. Dazu gehört, dass man sich nicht über alles und jeden aufregen sollte, nur weil es „zu Hause" anders ist, z. B. Unpünktlichkeit, Schmutz, ungewohntes Essen usw. Mit unbeherrschtem Verhalten erreicht man meistens nur das Gegenteil.

Streit sollte man nur im äußersten Notfall anfangen, wenn man sich beispielsweise außergewöhnlich provoziert oder ungerecht behandelt fühlt.

Das Tragen „ordentlicher" **Kleidung** sollte selbstverständlich sein. Wer **als Frau** aufreizende Mini-Röcke und durchsichtige Blusen trägt, wird als Freiwild betrachtet

Kleidung und möglicherweise dementsprechend behandelt. Am besten kann man sich als Frau in Ostafrika bewegen, wenn man Oberkörper und Schultern bedeckt hält. Shorts haben sich inzwischen für beide Geschlechter durchgesetzt. **Männer** sollten nicht mit nacktem Oberkörper in der Öffentlichkeit herumlaufen. Wenn man einen Afrikaner in zerschlissener Kleidung sieht, ist das kein neuer Modetrend, sondern dann ist dieser aus Armut dazu gezwungen.

Nackt baden Nackt baden ist in Ostafrika absolut tabu, und schon gar nicht, wenn Einheimische in der Gegend sind.

Zu Gast sein Wenn man zu Einheimischen **eingeladen** ist, gibt es häufig etwas zu **essen** und zu trinken. Auch wenn man satt ist oder einem das Essen nicht zusagt, sollte man der Höflichkeit wegen etwas essen. Ansonsten fühlt sich der Gastgeber in seiner Gastfreundschaft nicht gewürdigt.

Es kann in bestimmten Gegenden passieren, dass der Gast bzw. die Gäste (auch weibliche Gäste und Kinder) zusammen mit dem Familienoberhaupt speisen, während Hausfrau und Kinder des Gastgebers ihre Mahlzeit in der Küche auf dem Fußboden einnehmen. Dies kann etwas irritierend wirken, sollte aber vom Gast nicht weiter kommentiert werden.

Kriminalität In Ostafrika ist die Kriminalität insbesondere in den Städten stark angestiegen. Alle Wertsachen, wie Kamera, Geldbeutel, Dokumente etc., sollte man unter der Kleidung verbergen.

Besonders auf Busbahnhöfen und Märkten ist Wachsamkeit geboten.

Fotografieren

Fotografieren von Menschen ohne vorherige Erlaubnis ist wie überall unhöflich. Bei manchen Stämmen Ostafrikas herrscht immer noch die Meinung vor, dass der Fotografierende mittels seines Bildes Macht über die Seele des Fotografierten bekommt (s.a. Kap. „Fotografieren").

Zeitbegriff

In Afrika hat man andere Vorstellungen vom Zeitbegriff, die nicht unbedingt mit der mitteleuropäischen Auffassung von Pünktlichkeit übereinstimmen.

Islam

In den Gebieten mit vorwiegend muslimischer Bevölkerung (Küstenregion und insbesondere Sansibar) gelten in Bezug auf beispielsweise Kleidung und Alkohol die üblichen islamischen Verhaltensregeln. Im Landesinneren werden diese lockerer gehandhabt.

Namen

In Tansania haben die Einheimischen meist sehr viele Namen, doch werden sie oft nur mit zwei Namen benannt.

Vorname Erstens der Vorname: Das kann der christliche Tauf-, der islamische oder der traditionelle Hauptname sein (in der traditionellen Gesellschaft ändern sich die Namen im Laufe des Lebens mit den Altersstufen). Bei einigen Stämmen darf dieser Name oft nur innerhalb der Altersklasse oder vom Älteren zum Jüngeren gebraucht werden. Bei den Christen werden viele ausländische Namen verwendet, doch ist diese Tendenz nun wieder rückläufig.

Nachname Zweitens der Nachname: Dies ist der Vorname des Vaters oder des Ehegatten. Ein Junge und auch ein verheirateter Mann heißt z. B. Rashidi Amiri, ein Mädchen Mwajabu Amiri. Amiri ist jeweils der Vorname des Vaters. Wenn das Mädchen heiratet, hieße sie z.B. Mwajabu Muhamedi, weil sie nun als Nachnamen den Vornamen ihres Mannes (Muhamedi) erhält.

Mütter und Väter werden aber oft nach dem Namen eines ihrer Kinder genannt. So könnte man z.B. die Mutter von Rashidi und Mwajabu nennen: Mama Rashidi (Mutter von Rashidi) oder Mama Mwajabu (Mutter von Mwajabu), den Vater würde man dementsprechend Baba Rashidi oder Baba Mwajabu rufen.

Sippenname Zu diesen zwei Namen kommt natürlich in den meisten Stämmen noch der Sippenname.

Das wird bei den Stämmen oft ganz unterschiedlich gehandhabt. Bei den Meru lauten die männlichen Sippennamen z. B. Mbise, Akyoo, Kaaya usw. Bei den Frauen wird vor den Sippennamen noch die Silbe Ma- gesetzt. So heißen die Frauen dann z.B. Mambise, Makyoo und Makaaya. Es ist dort sogar üblich, dass die Frauen und Mädchen oft auch nur mit diesem Sippennamen genannt werden.

Ehrenname

Außerdem gibt es bei den Meru dann noch eine Besonderheit: dies ist der geerbte Name oder Ehrenname (irina lyaitikiswa): Jedes Kind erbt einen Namen von einem Vorfahren (und wird auch oft so genannt). Der erste Sohn wird nach dem vom Großvater väterlicherseits geerbten Namen genannt. Hieß der Großvater Soori, so wird auch sein erster Enkel Soori genannt werden. Für die erste Tochter gilt das gleiche: sie wird nach dem Namen der Großmutter mütterlicherseits genannt werden. Auch hier wird dem weiblichen Namen immer die Silbe Ma- oder auch Nga- vorangestellt, z.B. Ngakisali, Ngasoori, Murasa, während der Junge Kisali, Soori oder Urasa hieße.

Die Namensgebung unterliegt den Gebräuchen der verschiedenen Stämme, und davon gibt es ja zur Genüge. Da man wirklich ein ganzes Buch über die Namen schreiben könnte, möchte ich hier nur ein paar Beispiele anführen, um einen kleinen Eindruck von der Vielfältigkeit zu vermitteln.

Bei den Menschen in Mittel- und Ostchagga (Old-Moshi, Marangu bis nach Mwika) haben die Frauen oft andere Sippennamen als die Männer und vererben sie an ihre Töchter weiter. Jeder weibliche Sippenname wird dabei eindeutig einer männlichen Sippe zugeordnet. So heißen z. B. Frauen aus dem Mlay-Clan (männlicher Sippenname) Makitote oder auch Maunge, je nach Herkunft der Familie.

Anrede

Es gibt keine höfliche Anrede mit „Sie". Eine respektvolle Begrüßung kann man jedoch mit der Redewendung shikamoo ausdrücken, die älteren Männern und Respektspersonen gegenüber benutzt wird, im eigentlichen Sinne aber keine Anrede darstellt. Folgende Anredeformen sind üblich:

mzee [1] *Alter*	für sehr alte Männer
bwana [4] *Herr*	für ältere Männer
bibi [4] *Dame*	für ältere Frauen
ndugu *Bruder*, **dada** *Schwester*	für Gleichaltrige
rafiki *Freund*	für Gleichaltrige
mtoto [1] *Kind*, **watoto** [1] *Kinder*	für Kinder
kijana [3] *Junge*	für Jungen
msichana [1] *Mädchen*	für Mädchen

Als Tourist wird man in der Regel von Einheimischen genauso angesprochen, es gibt keine spezielle Anrede. Es kann allerdings sein, dass man manchmal mit mzungu gerufen wird, was soviel heißt wie „Europäer" oder „Weißer".

Wenn man jemanden näher kennt und weiß, dass er Familie und Kinder hat, kann man ihn auch mit baba (Vater) oder mama (Mutter) anreden.

Im Flugzeug und bei offiziellen Anlässen wird man folgende Anrede hören:

Mabibi na Mabwana ...
Damen-4 und Herren-4 ...
Sehr geehrte Damen und Herren ...

Begrüßen & Verabschieden

Begrüßung

Die Begrüßung spielt im menschlichen Miteinander eine wichtige Rolle. Es gilt als unhöflich, ohne eine ausgiebige Begrüßung, die schon einem Zeremoniell gleicht, direkt zur Sache zu kommen. Auch als Tourist sollte man sich genügend Begrüßungsfloskeln zurechtlegen, die man bei Bedarf – auch wenn man nur nach dem Weg fragt – anwenden kann!

Die Begrüßung gleicht einem festen Frage- und Antwortspiel, in denen persönliche Befindlichkeiten nichts zu suchen haben: Auf die Frage, wie es einem geht, antwortet man deshalb besser immer mit „gut“, auch wenn das nicht der Wahrheit entspricht.

Die Begrüßung kann mit verschiedenen Anreden / Fragen (und den entsprechenden Antworten) beginnen. Da die Begrüßungsfloskeln sehr formelhaft sind, verzichte ich teilweise auf die Wort-für-Wort-Übersetzung.

Hujambo? Wie geht es dir?	**Sijambo.** Mir geht es gut.	*zu einer einzelnen gleichgestellten Person*
Hamjambo? Wie geht es euch?	**Hatujambo.** Uns geht es gut.	*zu mehreren gleichgestellten Personen*
Shikamoo! Guten Tag! *(Anrede)*	**Marahaba!** Guten Tag! *(Antwort)*	*zu einer höhergestellten oder älteren Person*

Die begrüßende Anrede shikamoo wird auch oft von Kindern gegenüber Touristen benutzt.

In der Küstenregion und auf Sansibar, mehr und mehr aber auch in anderen Teilen Ostafrikas, sagt man als allgemeine Grußformel:

Salama!
Guten Tag!

Anschließend folgen dann verschiedene Fragen, in denen am häufigsten das Wort habari (Nachricht) benutzt wird.

Habari gani?
Nachrichten welche
Was gibt es Neues?

Habari za nyumbani?
Nachrichten von Haus-in
Was gibt es Neues zu Hause?

Habari yako?
Nachricht deine
Was gibt's Neues von dir / Ihnen?

Habari za watoto?
Nachrichten von Kinder-1
Wie geht es den Kindern?

Umeshindaje?
du-hast-Zeit-verbracht-sag-mal
Wie hast du / haben Sie den Tag verbracht?

Habari za kazi?
Nachrichten von Arbeit
Was macht die Arbeit?

Habari za leo?
Nachrichten von heute
Was gibt's heute Neues?

In die Begrüßungsfloskeln kann man auch die entsprechenden Anreden miteinfließen lassen:

Habari gani, ndugu?
Nachrichten welche, Bruder
Was gibt's Neues, mein Freund?

Habari zako, mama?
Nachrichten deine, Mutter
Was gibt's Neues, Frau?

Diese Fragen können folgendermaßen beantwortet werden, wobei oft noch ein tu (nur) dazugesetzt wird:

Nzuri sana. *gut sehr*	Sehr gut.
Nzuri. / Njema. *gut / gut*	Gut.
Salama. / Safi tu. *friedlich / gut nur*	Gut.
Nzuri kidogo tu. *gut ein-wenig nur*	Nicht so gut.

Die letzte Antwort gibt man nur, wenn es einem wirklich sehr schlecht geht!

Auch das Wörtchen jambo (Angelegenheit) wird oft für die Begrüßung verwendet, jedoch nur in folgenden Formen (jeweils mit feststehenden Fragen und Antworten):

Hujambo?
Wie geht es dir?

Sijambo.
Mir geht es gut.

Hajambo?
Wie geht es ihm / ihr?

Hajambo.
Ihm / ihr geht es gut.

Hamjambo?
Wie geht es euch?

Hatujambo.
Uns geht es gut.

Hawajambo?
Wie geht es ihnen?

Hawajambo.
Ihnen geht es gut.

Hajambo rafiki yako?
wie-geht's Freund dein
Wie geht es deinem Freund?

Verwendet man die Anrede mzee (Alter) für einen sehr alten Mann, gibt es auch noch eine besondere Begrüßung:

Shikamoo mzee!
Guten Tag, Alter!

Wenn man selber auch von Kindern so angeredet wird, lautet die Antwort darauf immer:

Marahaba!
Guten Tag!

Verabschieden

Beim Verabschieden hat man zum Glück nicht so viele Möglichkeiten, wie bei der Begrüßung. Aber man bekommt bestimmt noch einige Wünsche mit auf den Weg.

Nataka kwenda sasa.
ich-will gehen jetzt
Ich möchte jetzt gehen.

Twende!
Lasst uns gehen!

Man möchte sich verabschieden.

Kwa heri! / Kwa herini!
mit Glück
Auf Wiedersehen! *(zu einer/mehreren Personen)*

Der Zurückbleibende wünscht dem Gehenden alles Gute.

Kwa heri ya kuonana.
mit Glück von Wiedersehen-8
Auf Wiedersehen und bis bald.

Tafadhali wasalimie rafiki!
bitte du-sollst-grüßen Freunde
Grüß / grüßen Sie bitte die Freunde!

Tutaonana kesho!
wir-werden-uns-wiedersehen morgen
Bis morgen!

Safari njema!
Gute Reise!

Rudini nyumbani salama!
zurückkehrt Haus-nach friedlich
Kommt / kommen Sie gut nach Hause.

Bitten, Danken, Wünschen

Bitten

Karibu! / Karibuni! *(zu einer/mehreren Persone/n)*
Bitte sehr! *(als Angebot)*

Tafadhali ...
Bitte ... *(wenn man um etwas bitten möchte)*

Unasemaje?
du-sagst
Wie bitte? *(wenn man etwas nicht verstanden hat)*

Sema tena tafadhali!
sag wieder bitte
Bitte wiederholen Sie dies noch einmal!

Tafadhali uniambie ...!
bitte du-sollst-mir-mitteilen ...
Sagen Sie mir bitte, ...! *(als Satzeinleitung)*

Tafadhali unionyeshe ...
bitte du-sollst-mir-zeigen
Zeig / zeigen Sie mir, bitte ...

Tafadhali unilete chai, bwana!
bitte du-sollst-mir-bringen Tee, Herr
Bitte bringen Sie mir einen Tee, Herr!

Naomba kulipa!
ich-bitte zahlen
Die Rechnung, bitte!

Hesabu / chai hapa tafadhali!
Rechnung / Tee hier bitte
Bitte schön, hier ist die Rechnung/der Tee!

Tafadhali ukae!
bitte du-sollst-sitzen
Bitte setzen Sie sich / setz dich!

Maduka yako wapi, tafadhali?
Läden-4 sie-irgendwo wo, bitte
Wo sind bitte die Geschäfte?

Danken

Ahsante!
Danke!

Ahsante sana!
Vielen Dank!

Nakushukuru sana (sana)!
ich-dir-danke sehr (sehr)
Ich danke vielmals! / Tausend Dank!

Antworten auf „danke"

Si kitu!
es-ist-nicht Ding-3
Keine Ursache!

Sawasawa!
ausgeglichen
O.K., kein Problem!

Sich entschuldigen

Samehe / samahani tafadhali!
Entschuldige / entschuldigt bitte!

Ninasikitika sana.
ich-bin-traurig sehr
Es tut mir sehr Leid.

Tafadhali unisamehe!
bitte du-sollst-mir-verzeihen
Verzeih(en Sie) mir bitte!

Hamna shida / matata / maneno.
es-gibt-nicht Probleme/Schwierigkeiten/Worte
Macht nichts.

Die folgende Floskel wird oft benutzt, wenn man Mitgefühl ausdrücken will, z. B. dass der andere schwer gearbeitet oder einen anstrengenden Tag oder eine anstrengende Reise gehabt hat.

Pole / poleni sana!
verzeih / verzeiht sehr
Sie (Ez/Mz) tun mir leid!

Wünschen

Mungu akubariki!
Gott-2 er-dich-soll-segnen
Gott sei mit dir!

Lala salama!
schlaf friedlich
Schlaf gut!

Das erste Gespräch

Zu Beginn eines jeden Gespräches werden die Begrüßungsfloskeln ausgetauscht. Alle Beispielsätze gelten sowohl für die vertraute Anrede („du") als auch für die höfliche Anrede mit „Sie". Im Folgenden wird nur die höfliche Anrede benutzt.

Mit einem Smartphone können Sie sich die mit einem ⁹ gekennzeichneten Sätze dieses Kapitels anhören. Scannen Sie einfach den QR-Code mit Hilfe einer kostenlosen App (z. B. „Barcoo" oder „Scanlife").

⁹ **Hujambo, bwana?** Wie geht's, Herr?	**Sijambo.** Mir geht's gut.
Habari zako? *Nachrichten deine* Wie geht es dir / Ihnen?	**Nzuri tu.** *gut nur* Gut.
Habari za leo? *Nachrichten von heute* Was gibt es heute Neues?	**Salama tu.** *friedlich nur* Nur Gutes.
⁹ **Habari za safari?** *Nachrichten von Reise* Was macht die Reise?	**Njema.** *gut* Sie geht voran.

⁹ **Je, unatoka wapi?**
sag-mal, du-herkommst wo
Woher kommst du / kommen Sie eigentlich?

⁹ **Mimi ninatoka ...**
ich ich-herkomme ...
Ich komme aus ...

Ujerumani	*Deutschland-6*	Deutschland
Austria	*Österreich*	Österreich
Uswisi	*Schweiz-6*	der Schweiz
Uholanzi	*Niederlande*	d. Niederlanden

Na leo je?
und heute sag-mal
Und heute?

Leo nilikuja kwa basi toka Arusha.
heute ich-kam mit Bus-4 aus Arusha
Heute bin ich mit dem Bus aus Arusha gekommen.

Ilikuwa safari ndefu, siyo?
es-war Reise lange nicht-wahr
Es war eine lange Fahrt, nicht wahr?

Ndiyo.
Ja.

Tulikwenda kwa saa kumi na moja.
wir-fuhren für Stunden zehn und eins
Wir sind elf Stunden lang gefahren.

Je, unaitwa nani?
sag-mal du-wirst-genannt wer
Wie heißen Sie?

Jina langu ni Christoph.
Name-4 mein ist Christoph
Mein Name ist Christoph.

Na wewe je?
und du sag-mal
Und Ihrer?

Mimi ninaitwa Mose.
ich ich-werde-genannt Moses
Ich heiße Moses.

Unafanya safari peke yako?
du-machst Reise allein dein
Machen Sie die Reise alleine?

Hapana.
Nein.

Rafiki yangu bado yuko Arusha.
Freund mein noch er-irgendwo Arusha
Mein Freund ist noch in Arusha.

Unataka kwenda wapi baada ya kuondoka hapa?
du-willst gehen wohin nach Abfahren-8 hier
Wohin wollen Sie fahren, wenn Sie den Ort hier verlassen?

Ninataka kwenda Lake Manyara.
ich-will gehen See Manyara
Ich will zum Manyara-See fahren.

Strenggenommen heißt es Ziwa Manyara *(See Manyara), aber umgangssprachlich wird immer nur von* Lake Manyara *(engl.) gesprochen.*

Je, unakaa hapa?
sag-mal, du-wohnst hier
Wohnen Sie hier?

Ndiyo, hii ni nyumba yangu.
ja, dies ist Haus mein
Ja, dies ist mein Haus.

Je, unajua mahali pa kulala karibu na hapa?
sag-mal, du-kennst Platz-7 von Schlafen-8
in-der-Nähe bei hier
Kennen Sie eine Unterkunft hier in der Nähe?

Kuna hoteli ndogo kijijini.
es-gibt Hotel kleines Dorf-in
Es gibt ein kleines Hotel im Dorf.

Unaweza kunionyesha njia ya hoteli?
du-kannst mir-zeigen Weg von Hotel
Können Sie mir den Weg zum Hotel zeigen?

Ndiyo, nitakupeleka hotelini.
ja, ich-werde-dich-bringen Hotel-zu
Ja, ich werde Sie zum Hotel bringen.

Ahsante sana!
danke sehr
Vielen Dank!

© Peter Rump

Dhau in Tansania

Zu Gast sein

Sich gegenseitig zu besuchen ist ein wichtiger Aspekt im sozialen Alltag. Die freundschaftlichen Beziehungen zu pflegen, bedeutet auch, sich gegenseitig Anerkennung und Respekt zu zollen. Denken Sie sich nichts dabei, wenn der Gastgeber Sie auch mal alleine lässt oder gerade etwas anderes zu tun hat – üben Sie sich in „afrikanischer" Gelassenheit!

Wenn man jemanden besucht, ruft man vor der Haustür – anstatt anzuklopfen – ein lautes hodi (dafür gibt es keine wörtliche Übersetzung). Man wird dann von drinnen ein karibu (willkommen) vernehmen und darf eintreten.

Mit einem Smartphone können Sie sich die mit einem 👂 gekennzeichneten Sätze dieses Kapitels anhören.

Utanitembelea lini?
du-wirst-mich-besuchen wann
Wann kommen Sie mich mal besuchen?

Nitakuja kesho jioni.
ich-werde-kommen morgen Abend
Ich komme morgen Abend mal vorbei.

Hodi.
Darf ich eintreten?

👂 **Karibu ndani!**
willkommen drinnen
Treten Sie ein! / Herzlich willkommen!

Ein paar ausgefallene Kugelschreiber, T-Shirts und kleine Schmuckstücke (Reifen, Ringe, Anhänger etc.) sind immer passend. Zigaretten und Feuerzeuge kann man mitbringen, wenn der Gastgeber raucht. Originell sind auch Postkarten oder kleine Poster aus der Heimat.

Karibu chai / chakula!
willkommen Tee / Essen
Greifen Sie bitte zu!

Hii ni zawadi kwa ninyi wote.
dies ist Geschenk für euch alle
Hier ist ein Geschenk für euch alle.

In Ostafrika spielt die Großfamilie eine wichtige Rolle. Oft, wenn man zu einer Familie nach Hause eingeladen wird, wird man irgendwelche Verwandten vorfinden, die sich gerade dort aufhalten.

Huyu ni baba yangu / mama yangu.
dies ist Vater mein / Mutter mein
Das ist mein Vater / meine Mutter.

An der Wort-für-Wort-Übersetzung erkennen Sie, welches besitzanzeigende Fürwort für welche Hauptwortklasse ergänzt wird.

Huyu ni ... wangu / ... yangu / ... zangu.
dies ist ...-1 mein / ...-5 mein / ...(Mz)-5 mein
Das ist mein/e ...

Bitte beachten Sie in der nachfolgenden Liste der Verwandtschaftsbezeichnungen: Nicht gekennzeichnete Hauptwörter gehören der 5. Hauptwortklasse an. In zusammengesetzten Verwandtschaftsbezeichnungen steht das besitzanzeigende Fürwort nach dem 1. Wort, z. B. mtoto wangu wa kiume (mein Sohn).

Einige Verwandschaftsbezeichnungen werden ergänzt durch wa kiume (von männlich) bzw. wa kike (von weiblich) sowie durch -kubwa (groß) bzw. -dogo (klein).

Verwandtschaftsbezeichnungen

mke [1]	Ehefrau
mume [waume, 1]	Ehemann
mama	Mutter
baba	Vater
wazazi [Mz]	Eltern
nyanya	Großmutter
babu	Großvater
mtoto [1]	Kind
mtoto [1] **wa kike**	Tochter
mtoto [1] **wa kiume**	Sohn
shangazi	Tante (väterlicherseits)
mama mkubwa	Tante (mütterl., älter)
mama mdogo	Tante (mütterl., jünger)
mjomba [1]	Onkel (mütterl.)
baba mkubwa	Onkel (väterl., älter)
baba mdogo	Onkel (väterl., jünger)
ndugu [Mz]	Geschwister
dada mdogo	kleine Schwester
dada mkubwa	große Schwester
kaka mdogo	kleiner Bruder
kaka mkubwa	großer Bruder
shemeji	Schwager
wifi [4]	Schwägerin
mpwa [1] **wa kike**	Nichte
mpwa [1] **wa kiume**	Neffe
mjukuu [1] **wa kike**	Enkelin
mjukuu[1] **wa kiume**	Enkel

Die Verwandtschaftsbezeichnungen gehören nicht alle der 1. Hauptwortklasse an. Sie werden allerdings – wie alle Lebewesen hinsichtlich der Beugung von Eigenschaftswörtern, Kennsilben und besitzanzeigenden Wörtern wie Hauptwörter der 1. Klasse behandelt.

Na huyu ni nani?
und dies ist wer
Und wer ist das?

Die Unterhaltung beginnt normalerweise mit dem Erkundigen nach Ihrer Familie und nach Ihren Kindern. Wenn man keine Kinder hat, aber verheiratet ist, dann dichtet man sich am besten welche an. Sonst wird man mit einer längeren Diskussion rechnen müssen!

Una watoto wangapi?
du-hast Kinder-1 wieviele
Wie viele Kinder hast du / haben Sie?

Nina watoto wawili.
ich-habe Kinder-1 zwei
Ich habe zwei Kinder.

Nina mtoto mmoja tu.
ich-habe Kind-1 eins nur
Ich habe nur ein Kind.

Mtoto yule ni wa kiume au wa kike?
Kind-1 jenes ist von männlich od. von weiblich
Ist jenes ein Junge oder ein Mädchen?

Ni mtoto wa kiume / mtoto wa kike.
es-ist Kind-1 von männlich/Kind-1 von weiblich
Es ist ein Junge / Mädchen.

Ndugu zako wanafanya nini?
Geschwister deine sie-machen was
Was machen deine / Ihre Geschwister?

Früher oder später kommen Fragen nach Ihrem Partner. Sie sollten sich schon vorher ein paar Antworten zurechtlegen, denn Sie könnten – speziell bei der älteren Bevölkerung – auf Unverständnis stoßen, wenn Sie von einem Freund bzw. einer Freundin erzählen und nicht vorhaben zu heiraten.

Umeoa? *(fragt man einen Mann)*
du-hast-geheiratet
Sind Sie verheiratet?

Umeolewa? *(fragt man eine Frau)*
du-bist-geheiratet-worden
Sind Sie verheiratet?

Kwa nini hutaki kuoa? *(zu Mann und Frau)*
warum nicht-du-willst heiraten
Warum wollen Sie nicht heiraten?

Ninapenda kumaliza mafunzo / masomo yangu kwanza kabla ya kuoa.
ich-möchte-gern beenden Ausbildung-4 / Studium-4 mein zuerst vor von Heiraten-8
Ich möchte vor der Heirat noch meine Ausbildung / mein Studium beenden.

Unafanya kazi gani?
du-machst Arbeit welche
Was sind Sie von Beruf?

Berufe

Mimi ni ...
Ich bin ...

Weibliche und männliche Formen werden bei den Berufsbezeichnungen nicht unterschieden.

mtumishi [1]	Angestellter
mfanya [1] **kazi**	Arbeiter
mfanya [1] **biashara**	Geschäftsmann
daktari [4]	Arzt
mwokaji [1]	Bäcker
mkulima [1]	Bauer
karani	Büroangestellter
mkalimani [1]	Dolmetscher
mpiga [1] **picha**	Fotograf
mchongaji [1]**wa vinyago**	Holzschnitzer
mwandishi [1] **wa gazeti**	Journalist
mpishi [1]	Koch
mwalimu [1]	Lehrer/in
fundi [4]	Handwerker
fundi [4] **wa gari**	Automechaniker
fundi [4] **wa saa**	Uhrmacher
fundi [4] **wa umeme**	Elektromechaniker
mchungaji [1]	Pfarrer, Pastor
mwanasheria [1]	Rechtsanwalt
kondakta [4]	Schaffner
mhunzi [1]	Schmied
mshonaji [1] **nguo**	Schneider
mshonaji [1] **viatu**	Schuster
mwanafunzi [1]	Schüler, Student
dereva [4] **wa teksi**	Taxifahrer
dereva [4] **wa lori**	Lastwagenfahrer
seremala [4]	Zimmermann

Mimi ni mtumishi wa serikali.
ich bin Angestellter-1 von Regierung
Ich bin ein Angestellter der Regierung.

Unafanya kazi hapa?
du-machst Arbeit hier
Sind Sie geschäftlich hier?

Hapana, mimi ni msafiri tu.
nein, ich bin Tourist-1 nur
Nein, ich bin ein Tourist.

Umefika lini Tanzania?
du-bist-angekommen wann Tansania
Seit wann sind Sie in Tansania?

Wiki mbili zilizopita.
Wochen zwei sie-sind-welche-vergangen
Seit zwei Wochen.

Unabaki hapa kwa muda gani?
du-bleibst hier für Dauer-2 welche
Bleiben Sie noch eine Weile hier?

Utaondoka lini?
du-wirst-abfahren wann
Wann reisen Sie wieder ab?

Nitaondoka katika wiki moja.
ich-werde-abfahren in Woche eine
Ich reise in einer Woche ab.

Tanzania / Kenya / Uganda inakupendeza?
Tansania / Kenia / Uganda es-dir-gefällt
Gefällt es Ihnen in Tansania/Kenia/Uganda?

Tanzania ni nchi nzuri sana.
Tansania ist Land schön sehr
Tansania ist sehr schön.

Inanipendeza / inatupendeza vizuri sana hapa.
es-mir-gefällt / es-uns-gefällt gut sehr hier
Es gefällt mir / uns hier sehr gut.

Unafahamu Kiswahili vizuri sana.
du-verstehst Kisuaheli-3 gut sehr
Sie sprechen sehr gut Kisuaheli.

Siyo vizuri sana, ni kidogo tu.
nicht-es-ist gut sehr, es-ist klein nur
Oh nein, nur ein bisschen.

Ninajifunza bado.
ich-lerne noch
Ich lerne noch.

Unterwegs

... alleine als Frau

Auf dem Land kann man als Frau eigentlich ohne weiteres alleine reisen. In der Stadt sollte man nicht unbedingt nach Dunkelheit allein durch die Straßen ziehen. Dies gilt allerdings auch für Männer. Es gibt keine frauenspezifischen Probleme wie z.B. in streng arabischen Ländern.

Sollte man als Frau wirklich einmal belästigt werden, kann man den unliebsamen Begleiter mit folgenden Sätzen abschütteln:

Ningekuwa dada yako! *(zu Gleichaltrigen)*
ich-könnte-sein Schwester deine
Ich könnte deine Schwester sein!

Ningekuwa mama yako! *(zu Jüngeren)*
ich-könnte-sein Mutter deine
Ich könnte deine Mutter sein!

... zu Fuß

Ninatafuta ...
Ich suche ...

Soko liko wapi?
Markt er-irgendwo wo
Wo ist der Markt?

msikiti [2]	die Moschee
kanisa [4]	die Kirche
nyumba ya michezo *Haus von Spielen-2*	Theater
sinema	Kino
baa	Kneipe
njia	Weg
barabara	Straße
mahali [7]	Platz
soko [4]	Markt
mkahawa [2], **hoteli**	Restaurant
hoteli ya kulala *Hotel von Schlafen-8*	Hotel
kituo cha mabasi *Ort-3 von Busse-4*	Busbahnhof
stesheni	Bahnhof
hospitali	Krankenhaus
kituo cha polisi *Ort-3 von Polizei*	Polizeistation

Inawezekana kwenda kwa miguu?
es-ist-möglich gehen mit Füße-2
Kann man zu Fuß gehen?

Ni mbali mpaka huku?
es-ist weit bis dort
Ist es weit bis dorthin?

Hapana, si mbali sana.
nein, nicht-es-ist weit sehr
Nein, es ist nicht weit.

Ndiyo, iko nje ya mji.
ja, es-irgendwo außerhalb von Stadt-2
Ja, es liegt außerhalb der Stadt.

Nenda moja kwa moja / kushoto / kulia!
geh eins für eins / linke-Seite / rechte-Seite
Geh / gehen Sie geradeaus/nach links/rechts!

Tafadhali unionyeshe katika ramani!
bitte du-sollst-mir-zeigen in Landkarte
Können Sie mir das auf der Karte zeigen?

Richtungshinweise

kazkazini	Norden
mashariki	Osten
kusini	Süden
magharibi	Westen
moja kwa moja	geradeaus
kushoto – kulia	linke – rechte Seite
nyuma	zurück
juu – chini	oben – unten
mbele – nyuma	vorn – hinten
katikati	inmitten, zentral
hapahapa	hier, hierher
mbali – karibu	weit, fern – nahe
nje – ndani	draußen – drinnen

... mit dem Taxi

In den größeren Städten gibt es natürlich Taxis, die auch von außen als solche gekennzeichnet sind. Man kann sie auf der Straße anhalten, aber es ist immer ratsam, sich von der Hotelrezeption ein Unternehmen empfehlen bzw. ein Taxi rufen zu lassen. Man sollte den Preis vorher aushandeln und sich auch vom Fahrer bestätigen lassen, dass er das Ziel genau kennt.

Tafadhali unipeleke kwa New Arusha Hotel.
bitte du-sollst-mich-bringen zu N. Arusha Hotel
Bringen Sie mich zum New Arusha Hotel.

Kwenda hoteli / kiwanja cha ndege ni kiasi gani?
nach Hotel / Platz-3 von Flugzeug ist Betrag welcher
Wieviel kostet es bis zum Hotel / Flughafen?

Nina haraka sana.
ich-habe Eile sehr
Ich habe es eilig.

Simama hapa tafadhali!
anhalt hier bitte
Halten Sie bitte hier an!

Trinkgelder sind bei Taxifahrten nicht üblich.

Ninataka kuteremka hapahapa tu.
ich-will aussteigen hier nur
Ich möchte hier aussteigen.

... mit der Bahn

Nachdem in den letzten Jahren die Straßen etwas besser geworden sind, hat der Zugverkehr leider an Bedeutung verloren. Er stellt die billigste, aber auch langsamste Transportart dar und ist immer wieder von Verspätungen geplagt. Die Hauptstrecken werden mehrmals in der Woche befahren. Wenn man 1. oder 2. Klasse, Schlaf- oder Liegewagen fahren will, muss man sich oft schon sehr frühzeitig eine Fahrkarte besorgen. Für die 3. Klasse bekommt man die Fahrkarte im allgemeinen auch noch am Tag der Reise.

treni	Zug
gari la moshi *Wagen-4 von Rauch*	Eisenbahn
stesheni	Bahnhof
kuingia [8]	Eingang
kutoka [8]	Ausgang
kuondoka [8]	Abfahrt
kufika [8]	Ankunft
tikiti	Fahrkarte
nauli	Fahrpreis
daraja [4]	Klasse
behewa [4]	Wagen
ratiba ya saa *Plan von Stunden*	Fahrplan

Ninataka kununua tikiti moja toka Moshi mpaka Mombasa.
ich-will kaufen Fahrkarte eine von Moshi bis Mombasa
Ich möchte eine Fahrkarte von Moshi nach Mombasa kaufen.

Katika daraja gani?
in Klasse-4 welcher
In welcher Klasse?

Daraja la tatu tafadhali.
Klasse-4 von drei bitte
3. Klasse, bitte.

Hakuna nafasi leo katika daraja la tatu, ...
nicht-es-gibt Raum heute in Klasse-4 von drei
Die 3. Klasse ist voll heute, ...

... **lakini unaweza kwenda daraja la pili.**
... *aber du-kannst gehen Klasse-4 von zweite*
... aber Sie können in der 2. fahren.

Ni kiasi gani?
es-ist Betrag welcher
Wieviel kostet das?

Ni shilingi mia mbili ishirini na tano.
es-sind Shilling hundert zwei zwanzig und fünf
Es kostet 225 Shilling.

Ninachukua tikiti hii.
ich-nehme Fahrkarte diese
Ich nehme diese Fahrkarte.

Unajua, behewa la daraja la pili liko wapi?
du-weißt, Wagen von Klasse-4 von zweite er-irgendwo wo
Wo befindet sich der Wagen der 2. Klasse?

Liko nyuma ya treni, ...
er-irgendwo hinten von Zug
Er befindet sich im hinteren Teil des Zuges ...

... lakini imechelewa sana.
... aber er-ist-verspätet sehr
... aber er [der Zug] ist sehr verspätet.

Kwa muda gani?
für Dauer-2 welche
Für wie lange [ist er verspätet]?

Imechelewa kwa saa nne na robo.
er-ist-verspätet für Stunden vier und Viertel
Er ist vier und eine Viertelstunde verspätet.

... mit dem Bus

Busse sind in Ostafrika das ideale Verkehrsmittel. Sie fahren fast überall hin, der Busbahnhof liegt oft in der Nähe des Marktes. Allerdings kann es auch vorkommen, dass eine Stadt mehrere Busbahnhöfe hat, die nach Strecken und Busgesellschaften unterteilt sind. Daher sollte man sich besser vorher informieren und immer dazusagen, wohin man reisen will.

Kuna basi kwenda Moshi?
es-gibt Bus-4 nach Moshi
Gibt es einen Bus nach Moshi?

Ndiyo, basi linakwenda kila siku.
ja, Bus-4 er-fährt jeden Tag
Ja, er fährt jeden Tag.

Bootstour in der Mündung des Ramisi River, Kenia

Unajua, basi hili linaondoka wapi?
du-weißt Bus-4 dieser er-abfährt wo
Wissen Sie, wo dieser Bus abfährt?

Linaondoka kituo cha mabasi huku karibu na sokoni.
er-abfährt-am Ort-3 von Busse-4 dort Nähe bei Markt-am
Er fährt vom Busbahnhof in der Nähe des Marktes ab.

Basi kwenda Tanga litaondoka saa ngapi?
Bus-4 nach Tanga er-wird-abfahren Stunde welche
Um wieviel Uhr fährt der Bus nach Tanga ab?

Basi hili linakwenda Mombasa?
Bus-4 dieser er-fährt Mombasa
Ist dies der Bus nach Mombasa?

Für kürzere Strecken (z.B. Moshi – Arusha) kann man die Fahrkarten meistens erst im Bus kaufen. Für lange Strecken (z. B. Mombasa – Nairobi oder Arusha – Daressalam) sollte man die Fahrkarte im Voraus kaufen.

Kiti hiki kina mtu?
Stuhl-3 dieser er-hat Mensch-1
Ist dieser Platz besetzt?

Hapana, kiti hiki ni wazi.
nein Stuhl-3 dieser ist frei
Nein, er ist noch frei.

... mit dem Schiff

Auf mehreren Seen innerhalb Ostafrikas bestehen gute Schiffsverbindungen. So zum Beispiel auf dem Viktoria- und dem Tanganyika-See. Die dort verkehrenden Schiffe, die von den Eisenbahngesellschaften betrieben werden, stammen teilweise noch aus der Kolonialzeit, sind aber modernisiert worden und recht billig. In den besseren Klassen sollte man frühzeitig reservieren, da oft nur ein- bis zweimal wöchentlich eine Verbindung besteht. Nach Sansibar fährt mehrmals täglich ein Schiff.

Meli ifuatayo kwenda Mwanza itaondoka lini?
Schiff es-kommt-welches nach Mwanza es-wird-abfahren wann
Wann wird das nächste Schiff nach Mwanza abgehen?

Ninataka kufanya booking ya chumba cha daraja la pili.
ich-will machen Buchung von Zimmer-3 von Klasse-4 von zweite
Ich möchte eine 2.-Klasse-Kabine buchen.

Meli itafika Zanzibar saa ngapi?
Schiff es-wird-ankommen Sansibar Stunde welche
Wann wird das Schiff in Sansibar anlegen?

... mit dem Auto

In Ostafrika werden Mietwagen für Selbstfahrer im Allgemeinen nur in den Städten angeboten. Es ist nicht empfehlenswert, weite Strecken mit einem eigenen Mietwagen zurückzulegen, da sich zum einen viele Straßen in schlechtem Zustand befinden, und zum anderen eine funktionierende Versorgung im Notfall so gut wie nicht existiert. Der Fahrstil ist oft chaotisch, viele Kleinbusse sind überladen, Lastwagen nicht ausreichend gewartet. Schwere Autounfälle sind leider keine Seltenheit. Aufgrund dieser Verhältnisse wird empfohlen, bei längeren Touren wie z. B. Safaris, ein Auto mit Fahrer zu mieten. In Tansania, Kenia und Uganda gilt Linksverkehr.

Inawezekana kukodi gari wapi?
es-ist-möglich mieten Wagen-4 wo
Wo kann ich ein Auto mieten?

Ninapenda kukodi gari kwa wiki moja.
ich-möchte-gern mieten Auto-4 für Woche eine
Ich möchte ein Auto für 1 Woche mieten.

bima	Versicherung
bei pamoja na kila kitu	Pauschale
Preis zusammen mit jedem Ding-3	
kwa siku / wiki	pro Tag / Woche
kwa kilometa	pro Kilometer

rund ums Auto

Hier habe ich die wichtigsten Wörter aufgelistet, die man als Autofahrer wissen sollte. Viele Ausdrücke sind aus dem Englischen abgeleitet.

motokaa / gari [4]	Auto
kamba	Abschleppseil
betri	Batterie
kuchaji betri	Batterie laden
petroli	Benzin
petroli ya kawaida	Normalbenzin
Benzin von gewöhnlich	
petroli ya supa	Super
Benzin von Super	
breki	Bremse
breki ya mkono	Handbremse
Bremse von Hand-2	
mafuta ya breki	Bremsflüssigkeit
Öle-4 von Bremse	
mafuta ya dizeli	Dieselöl
Öle-4 von Diesel	
chombo cha akiba	Ersatzteil
Gerät-3 von Reserve	
kuendesha	lenken (Auto)
dereva [4]	Fahrer
leseni ya kuendesha gari	Führerschein
Lizenz von Lenken-8 Wagen-4	
kujaza	einfüllen
gia	Gangschaltung
gereji	Garage / Werkstatt
gesi	Gas
mbio	Geschwindigkeit
honi	Hupe
redieta	Kühler
klachi	Kupplung

taa	Lampe
lori [4]	Lastwagen
usukani [6]	Lenkrad
gari la kukodi *Wagen-4 von Mieten-8*	Mietwagen
injini	Motor
mafuta [Mz, 4]	Öl
gurudumu [4]	Rad
tairi	Reifen
pumzi ya tairi *Atem von Reifen*	Reifendruck
tengenezo [Mz, 4]	Reparatur
gurudumu la akiba *Rad-4 von Reserve*	Reserverad
tangi la akiba *Tank-4 von Reserve*	Reservetank
kifagio cha mvua *Besen-3 von Regen*	Scheibenwischer
fyuzi	Sicherung
kinga	Stoßstange
kipimo cha mbio *Maß-3 von Geschwindigkeit*	Tachometer
tangi [4]	Tank
kituo cha petroli *Ort-3 von Benzin*	Tankstelle
ajali	Unfall
kabureta	Vergaser
jeki	Wagenheber
vyombo [Mz, 3]	Werkzeug
plagi	Zündkerze
ufunguo [6]	Zündschlüssel
silinda	Zylinder

tanken

Naomba lita ... za petroli ya supa.
ich-bitte-um Liter ... von Benzin von Super
Ich möchte ... Liter Super tanken.

Naomba petroli kwa shilingi mia mbili.
ich-bitte-um Benzin für Shilling hundert zwei
Ich möchte für 200 Shilling tanken.

Panne

Gari langu limeharibika.
Wagen-4 meiner er-ist-beschädigt
Ich habe eine Autopanne.

Gereji iko karibu?
Werkstatt sie-irgendwo Nähe
Gibt es eine Werkstatt in der Nähe?

Unaweza kuvuta gari langu kwa gereji?
du-kannst ziehen Wagen-4 mein zu Werkstatt
Können Sie mich bis zur nächsten Werkstatt abschleppen?

Breki hazifanyi kazi.
Bremsen nicht-sie-machen Arbeit
Die Bremsen funktionieren nicht.

Injini imeharibika.
Motor er-ist-beschädigt
Ich habe einen Motorschaden.

Tafadhali angalia hapa!
bitte sieh hier
Sehen Sie bitte mal hier nach!

Kuna shida hapa.
es-gibt Problem hier
Hier stimmt etwas nicht.

Betri imekufa.
Batterie sie-ist-gestorben
Die Batterie ist tot.

Petroli imekwisha.
Benzin es-ist-zuende-gegangen
Das Benzin ist alle.

Tairi imepasuka.
Reifen er-ist-geplatzt
Der Reifen ist geplatzt.

Unaweza kutengeneza gari langu?
du-kannst reparieren Wagen-4 mein
Können Sie mein Auto reparieren?

Tengenezo litachukua muda gani?
Reparatur sie-wird-nehmen Dauer welche
Wie lange dauert die Reparatur?

Unfall

Im Falle eines Unfalls gibt es zwar Notrufnummern, aber das Telefonsystem funktioniert vielerorts schlecht, und oft wird man sich gar nicht in der Nähe eines Telefons aufhalten. Nur die großen Krankenhäuser verfügen über Notarztwagen. Man wird also im Allgemeinen auf die Hilfe anderer Autofahrer angewiesen sein. Wichtig ist, dass jemand schnell einen Arzt und die Polizei verständigt.

Mwite haraka polisi / daktari!
du-ihn-sollst-rufen Eile Polizei / Arzt-4
Holen Sie schnell die Polizei / einen Arzt!

Nilikuwa na ajali.
ich-war mit Unfall
Ich hatte einen Unfall.

mwanaume	*Mann-1*	ein Mann
mwanamke	*Frau-1*	eine Frau
mtoto	*Kind-1*	ein Kind

... ameumia vibaya sana.
... er / sie / es-hat-sich-wehgetan schlecht sehr
... ist schwer verletzt.

Auf Safari

Wenn man sich die Tiere im Nationalpark ansehen will, ist dies so gut wie nicht mit öffentlichen Verkehrsmitteln zu organisieren. Am besten mietet man sich ein Auto mit Fahrer. Wem das zu teuer ist, der kann auch in den größeren Ausgangsorten wie Nairobi, Arusha und Mombasa bei Safari-Unternehmen nachfragen, ob er sich einer Safari anschließen kann.

Der Fahrer des Autos fungiert im Allgemeinen auch als Führer bei den Wildbeobachtungen in den Nationalparks.

Kuna mgeni ambaye anataka kufanya safari kesho?
es-gibt Fremden-1 welcher er-will machen Safari morgen
Gibt es jemanden, der morgen auf Safari gehen will?

Je, unataka kutembelea hifadhi ya wanyama gani?
sag-mal, du-willst besuchen Schutzgebiet von Tiere-1 welches
In welchen Nationalpark wollen Sie auf Safari gehen?

Watu wangapi wanafanya safari hii?
Menschen-1 wieviele sie-machen Safari diese
Wie viele Leute wollen diese Safari mitmachen?

Inawezekana kukodi gari pamoja na dereva kwa safari?
es-ist-möglich mieten Wagen-4 zusammen mit Fahrer-4 für Safari
Ist es möglich, ein Auto mit Fahrer für eine Safari zu mieten?

Ni lazima kulipa kwa pesa za nje au shilingi?
es-ist notwendig zahlen mit Geld von draußen oder Shilling
Muß man in ausländischer Währung oder in Shilling zahlen?

Mahali gani ni pazuri pa kuangalia wanyama?
Platz-7 welcher ist gut von Beobachten-8 Tiere
Wo kann man am besten Tiere beobachten?

Trinkgelder sind ansonsten in Ostafrika nicht üblich, insbesondere nicht in den ländlichen Regionen.

In den Städten und vor allem bei typisch touristischen Leistungen (Safari, Kilimanjaro-Besteigung) werden Trinkgelder erwartet, die aber nur bei zufriedenstellend erbrachten Leistungen gegeben werden sollten. Über die Höhe eventueller Trinkgelder erkundige man sich am besten zuvor bei seinem Safari-Unternehmen.

Deutsch	Englisch	Kisuaheli
Affen		
Anubispavian	Olive Baboon	**Nyani**
Diademmeerkatze	Blue Monkey	**Kima**
Großohr Riesenbusch-baby	Large-Eared Grater Galago	**Komba mkubwa**
Grüne Meerkatze	Vervet Monkey	**Tumbili**
Mantelaffe	Black & White Colobus	**Mbega**
Schimpanse	Chimpanzee	**Sokwe**
Senegal Buschbaby	Lesser Bushbaby	**Komba kidogo**
Steppenpavian	Yellow Baboon	**Nyani**
Raubtiere		
Afrikanische Wildkatze	African Wild Cat	**Paka pori**
Afrikanische Zibetkatze	East African Civet	**Fungo**
Afrikanischer Wildhund	Hunting Dog	**Mbwa mwitu**
Erdwolf	Aardwolf	**Fisi-mdogo**
Fleckenhyäne	Spotted Hyaena	**Fisi madoa**
Gepard	Cheeta	**Duma**
Ginsterkatze	Serval	**Mondo**
Ginsterkatze	Genet	**Kanu**
Goldschakal	Golden Jackal	**Bweha wa mbugua**
Honigdachs	Honey Badger	**Nyegere**
Karakal	Caracal	**Simba mangu**
Leopard	Leopard	**Chui**
Löffelfuchs	Bat-Eared Fox	**Bweha masigio**
Löwe	Lion	**Simba**
Mungo	Banded Mangoose	**Kicheche**
Schabrackenschakal	Black-Backed Jackal	**Bweha shaba**

Schlankmanguste	Slender Mangoose	**Nguchiro**
Streifenhyäne	Stripped Hyaena	**Fisi miraba**
Streifenschakal	Side-Striped Jackal	**Bweha miraba**
Südliche Zwerg-manguste	Dwarf Mangoose	**Kitafe**

Paar- und Unpaarhufer		
Afrikanischer Elefant	African Elephant	**Tembo**
Baumschliefer	Tree Hyrax	**Perere**
Bleichböckchen	Oribi	**Taya Wildhund**
Bongo	Bongo	**Bongo**
Breitmaulnashorn	White Rhinoceros	**Kifaru**
Buschbock	Bushbuck	**Pongo**
Buschschliefer	Bush Hyrax	**Pimbi**
Elenantilope	Common Eland	**Pofu**
Flusspferd	Hippopotamus	**Kiboko**
Giraffengazelle	Gerenuk	**Swala twiga**
Grant-Gazelle	Grant's Gazelle	**Swala granti**
Grevyzebra	Grevy's Zebra	**Kangaja**
Großer Kudu	Greater Kudu	**Tandala mkubwa**
Günther-Dikdik	Guenther's Dik-Dik	**Dikidiki**
Impala	Impala	**Swala pala**
Kaffernbüffel	Buffalo	**Nyati, Mbogo**
Kirk-Dikdik	Kirk's Dik-Dik	**Dikidiki**
Klippspringer	Klipspringer	**Mbuzi mawe**
Kuhantilope	Coke's Wildebeest	**Kongoni**
Leierantilope	Topi	**Nyamera**
Massai-Giraffe	Masai Giraffe	**Twiga**
Netzgiraffe	Reticulated Giraffe	**Twiga**
Pferdeantilope	Roan Antelope	**Korongo**
Riedbock	Bohor Reedbuck	**Tohe ndope**
Rind (Afr. Buckelrind)	Cow	**Nyama**

Rothschilds Giraffe	Rothschild's Giraffe	**Twiga**
Säbelantilope	Sable Antilope	**Pala-hala**
Spießbock	Oryx	**Barabara**
Spitzmaulnashorn	Black Rhinoceros	**Kifaru**
Steinböckchen	Steenbok	**Funo**
Steppenzebra	Plains Zebra	**Punda milia**
Streifengnu	Common Wildebeest	**Nyumbu**
Thomson-Gazelle	Thomson's Gazelle	**Swala tomi**
Warzenschwein	Warthog	**Ngiri**
Wasserbock	Waterbuck	**Kuru**

Andere Säugetiere		
Afrikanisches Borsten-hörnchen	Unstriped Ground Squirrel	**Kidiri**
Erdferkel	Aardvark	**Mhanga**
Kaphase	Cape Hare	**Sungura**
Pinselohrschwein	Bushpig	**Nguruwe-mwitu**
Riesenwaldschwein	Giant Forest Hog	**Nguruwe-mkubwa**
Springhase	Springhare	**Kamandegere**
Stachelschwein	Crested Porkupine	**Nungunungu**
Steppenschuppentier	Ground Pangolin	**Kakakuona**

Reptilien		
Chamäleon	Chameleon	**Kigeugeu**
Kobra	Kobra	**Fira, Swila**
Nilkrokodil	Nile Crocodile	**Mamba**
Nilwaran	Nile Monitor	**Buru kenge**
Pantherschildkröte	Leopard Tortoise	**Mzee kobe**
Siedleragame	Rock Agama	**Rock Agama**

Vögel		
Eisvogel	Kingfisher	**Kichi**
Ente	Duck	**Bata**
Eule	owl	**Bundi**
Falke	Falcon	**Kozi**
Geier	Vulture	**Tumbusi**
Goliathreiher	Goliath Heron	**Pondagundi-mkubwa**
Habicht	Hawk	**Mwewe**
Hammerkopf	Hamerkop	**Fundichuma**
Honigsauger	Sunbird	**Chozi**
Ibis	Ibis	**Kwarana**
Kauz	Owlet	**Kitaumande**
Kronenkranich	Crowned Crane	**Taji**
Marabu	Marabou	**Marabu**
Nashornvogel	Hornbill	**Hondohondo**
Papagei	Parrot	**Kasuku**
Pelikan	Pelican	**Mwari-mweupe**
Perlhuhn	Guinea Fowl	**Kanga, Kololo**
Reiher	Heron	**Yangeyange**
Riesentrappe	Kori Bustard	**Tandawala mkubwa**
Rosa Flamingo	Greater Flamingo	**Heroe**
Schuhschnabel	Shoebill	**Korongo-nyangumi**
Schwalbe	Swallow	**Mbayuwayu**
Sekretär	Secretary Bird	**Karani**
Specht	Woodpecker	**Kigong**
Storch	Stork	**Korongo**
Strauß	Ostrich	**Mbuni**
Taube	Pigeon	**Njiawe**
Unzertrennliche	Love Birds	**Kwaru**

Wiedehopf	Hooppoe	**Hudihudi**
Zwergflamingo	Lesser Flamingo	**Heroe-mdogo**

Insekten, Spinnentiere		
Ameise	Ant	**Ant**
Fliege	Fly	**Kuruka**
Floh	Flee	**Kiroboto**
Heuschrecke	Grasshopper	**Panzi**
Käfer	Beetle	**Mende**
Schmetterling	Butterfly	**Kipepeo**
Skorpion	Scorpion	**Nge**
Spinne	Spider	**Buibu**
Termite	Termite	**Termite**

Aus der **Praxis**-*Reihe:*
Safari-Handbuch Afrika
ISBN 978-3-8317-1089-8

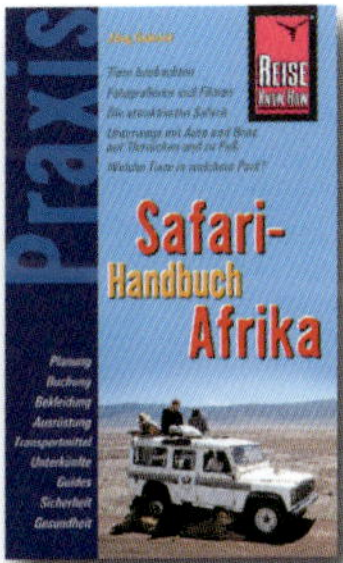

Pflanzen

mbuyu [2]	Affenbrotbaum
mnanasi [2]	Ananasstaude
mbilingani [2]	Auberginenpflanze
mparachichi [2]	Avokadobaum
mwanzi [2]	Bambus
mgomba [2]	Bananenstaude
pamba	Baumwolle
mkorosho [2]	Cashewnussbaum
mabingobingo [Mz, 4]	Elefantengras
mpera [2]	Guavenbaum
mtangawizi [2]	Ingwergewächs
mbuni [2]	Kaffeestrauch
mkakao [2]	Kakaobaum
msufi [2]	Kapokbaum
mnazi [2]	Kokospalme
mkangazi [2]	Mahagonibaum
mchenza [2]	Mandarinenbaum
mwembe [2]	Mangobaum
mkandaa [2]	Mangrovenbaum
muhogo [mihogo, 2]	Maniokpflanze
mkarafuu [2]	Nelkenbaum
mchikichi [2]	Ölpalme
mchungwa [2]	Orangenbaum
mpapai [2]	Papayabaum
mkonge [2]	Sisalpflanze
mchai [2]	Teestrauch
mlimau [2]	Zitronenbaum
muwa [miwa, 2]	Zuckerrohrpflanze

Übernachten

Während man sich in großen Hotels natürlich gut auf Englisch verständigen kann, sind Kisuaheli-Kenntnisse in kleinen Hotels und Gästehäusern sehr von Vorteil. Etwas irreführend ist das Wort hoteli. Es steht meistens für „Restaurant", und nicht für „Hotel" oder „Herberge". Wenn man also eine Unterkunft sucht, fragt man am besten gleich nach einem mahali pa kulala oder ganz einfach nach einem guest house (engl.).

Mit einem Smartphone können Sie sich die mit einem gekennzeichneten Sätze dieses Kapitels anhören.

Kuna mahali pa kulala hapa?
es-gibt Ort-7 von Schlafen-8 hier
Gibt es hier eine Unterkunft?

Guest house iko wapi?
Gäste Haus es-wo wo
Wo befindet sich ein Gästehaus?

Ninatafuta hoteli ya kulala.
ich-suche Hotel von Schlafen-8
Ich suche ein Hotel.

Der Übernachtungspreis ist im Allgemeinen festgelegt, man kann nicht handeln. In den kleineren Hotels in ländlichen Gegenden muss man sofort bezahlen. Lassen Sie sich auf jeden Fall eine Quittung (risiti) geben!

Usiku mmoja ni shilingi ngapi?
Nacht-6 eine ist Shilling wieviele
Wieviel kostet eine Übernachtung?

Unataka ...?
du-willst ...
Wollen Sie [ein] ...?

chumba cha mtu mmoja *Zimmer-3 von Mensch-1 ein*	Einzelzimmer
chumba cha watu wawili *Zimmer-3 von Menschen-1 zwei*	Doppelzimmer
chumba cha watu watatu *Zimmer-3 von Menschen-1 drei*	Dreibettzimmer

Chumba cha mtu mmoja tu.
Zimmer-3 von Mensch-1 ein nur
Nur ein Einzelzimmer.

Bei yake ni shilingi mia mbili kwa usiku.
Preis sein ist Shilling hundert zwei für Nacht
Es kostet 200 Shilling pro Nacht.

Bei hii ni pamoja na chai ya asubuhi?
Preis dieser ist zusammen mit Tee von Morgen
Ist dieser Preis einschließlich Frühstück?

Hapana, chai ni shilingi arobaini zaidi.
nein, Tee ist Shilling vierzig mehr
Nein, mit Frühstück kostet es 40 Shilling mehr!

Tafadhali unionyeshe chumba!
bitte du-mir-sollst-zeigen Zimmer-3
Zeigen Sie mir bitte das Zimmer!

Chumba ni kichafu.
Zimmer ist dreckig
Das Zimmer ist dreckig.

Tafadhali usafishe chumba kwanza!
bitte du-sollst-reinigen Zimmer-3 zuerst
Bitte reinigen Sie das Zimmer erst einmal!

Tafadhali ubadilishe blanketi!
bitte du-sollst-auswechseln Bettlaken
Bitte wechseln Sie das Laken!

Essen & Trinken

In Ostafrika ist der Essensrhythmus etwa derselbe wie bei uns. Die Hauptmahlzeit ist jedoch das Abendessen.

Frühstück

chai ya asubuhi *Tee von Morgen*	Frühstück
chai ya rangi *Tee von Farbe*	schwarzer Tee
mayai ya kuchemsha *Eier-4 von Sieden-8*	gekochte Eier
mayai ya kukaanga *Eier-4 von Braten-8*	Spiegeleier / Omelette
mayai ya kuvuruga *Eier-4 von Rühren-8*	Rühreier
kimanda [3]	Omelette
siagi	Butter, Margarine
mraba [2]	Marmelade

Wie die Bezeichnung chai ya asubuhi schon sagt, besteht das Frühstück in der Hauptsache aus Tee. Dazu gibt es im Allgemeinen Brot (mkate), Früchte (matunda) und eine Schüssel Mais-Porridge (uji) oder Eier (mayai). Der Tee wird mit viel Zucker und Milch getrunken. Wenn man ihn lieber schwarz mag, verlangt man chai ya rangi. Manchmal gibt es auch Kaffee (kahawa) oder Milch (maziwa).

Ninapendelea kahawa zaidi kuliko chai.
ich-bevorzuge Kaffee mehr als Tee
Ich mag Kaffee lieber als Tee.

Nina njaa / kiu.
ich-habe Hunger / Durst
Ich habe Hunger / Durst.

Karibu chakula!
willkommen Essen-3
Guten Appetit!

Mittag- & Abendessen

Das Mittag- und Abendessen wird jeweils warm serviert.

chakula cha mchana *Mahlzeit-3 von Mittag-2*	Mittagessen
chakula cha usiku *Mahlzeit-3 von Abend-6*	Abendessen

Auch in den ländlichen Gegenden Ostafrikas, wo man noch häufig mit den Fingern isst – vor und nach dem Essen wird eine Schüssel mit Wasser herumgereicht –, wird man dem Gast ein Besteck hinlegen. Wenn nicht, sollte man einfach danach fragen.

Tafadhali unilete kijiko / kisu / uma!
bitte du-mir-sollst-bringen Löffel / Messer / Gabel
Bringen Sie mir bitte einen Löffel / ein Messer / eine Gabel!

Die wichtigsten Gerichte und Zutaten

wali [6]	gekochter Reis
wali [6] **na kuku** *Reis-6 und Huhn*	Reis mit Huhn
ugali [6]	fester Maisbrei (kloßähnlich)
ugali na maharagwe *Maisbrei-6 und rote-Bohnen-4*	Maisbrei mit roten Bohnen
ndizi	Kochbananen
viazi [Mz, 3]	(normale) Kartoffeln
viazi vitamu *Kartoffeln-3 süße*	Süßkartoffeln
kuku	Huhn
nyama ya mbuzi *Fleisch von Ziege*	Ziegenfleisch
nyama ya ng'ombe *Fleisch von Rind*	Rindfleisch
nyama ya kondoo *Fleisch von Schaf*	Hammelfleisch
nyama ya nguruwe *Fleisch von Schwein*	Schweinefleisch
nyama ya ndama *Fleisch von Kalb*	Kalbfleisch
nyama ya sungura *Fleisch von Kaninchen*	Kaninchenfleisch
mchuzi wa nyama *Sauce-2 von Fleisch*	(eine Art) Gulasch
samaki	Fisch
maharagwe [Mz, 4]	rote Bohnen
nyanya	Tomate
kitunguu [3]	Zwiebel
kabichi	Kohl

mchicha [2]	Spinat
karoti	Möhre
saladi	Salat
kebabu	Kebab
chipsi	Pommes frites
chumvi	Salz
pilipili	Pfeffer
siki	Essig
mafuta ya saladi *Öle-4 von Salat*	Salatöl
sukari	Zucker

Besonders lecker ist pilau (auch pilao oder pilaw), ein mit verschiedenen orientalischen Gewürzen, Zimt, Rosinen und Fleischwürfeln zubereitetes Reisgericht. Zum Nachtisch gibt es meistens Obst:

embe [4]	Mango
papai [4]	Papaya
ndizi	Banane
chungwa [4]	Apfelsine
nanasi	Ananas
pera [4]	Guave

Als Getränk gibt es auf jeden Fall Wasser (maji) oder Obstsaft (maji ya matunda). Man sollte unbedingt darauf achten, daß das Wasser abgekocht ist.

Maji yamechemshwa?
Wasser-4 es-ist-gekocht
Ist das Wasser gekocht?

Wenn man nichts riskieren möchte, frage man besser nach Tee.

Inawezekana kupata chai?
es-ist-möglich bekommen Tee
Ist es möglich, einen Tee zu bekommen?

Wenn man satt ist, bedankt man sich für die Mahlzeit.

Ahsante sana kwa chakula kizuri.
danke sehr für Essen-3 gutes
Vielen Dank für das gute Essen.

Nimeshiba sasa.
ich-bin-satt-geworden jetzt
Ich bin jetzt satt.

Im Allgemeinen steht mehr auf dem Tisch, als man essen kann. Die Höflichkeit gebietet, auch etwas zu essen, wenn man keinen Hunger hat. Es muss allerdings nicht viel sein. Wenn man krank ist, sollte man dies dem Gastgeber höflich mitteilen.

Siwezi kula chakula kwa sababu ninahara.
ich-nicht-kann essen Essen-3 mit Grund ich-habe-Durchfall
Ich kann nicht essen, weil ich Durchfall habe.

Im Restaurant

Wie erwähnt, hinter einem hoteli verbirgt sich oft ein Restaurant, kein Platz zum Schlafen!

mkahawa [2]	Restaurant
sambusa	Fleischtasche
maandazi [Mz, 4]	Fettgebackenes
keki	Kuchen
chapati	Pfannkuchen, Fladen
kitumbua [3]	Reisküchlein

Im Allgemeinen sind auf einer Tafel die Preise für die wichtigsten Gerichte angeschlagen. Werden keine Preise angegeben, sollte man sich danach erkundigen, bevor man bestellt. Als Getränk gibt es außer Tee, Kaffee noch verschiedene Limonaden (Coca Cola, Fanta usw.) und manchmal auch Bier.

Pilau ni kiasi gani?
Pilau ist Betrag welcher
Wieviel kostet Pilau?

Ndizi na nyama ni bei gani?
Bananen und Fleisch ist Preis welcher
Wieviel kosten Bananen mit Fleisch?

Kuna soda?
es-gibt Limonade
Gibt es Limonade?

Bia baridi iko?
Bier kalt es-irgendwo
Gibt es kaltes Bier?

Als Vegetarier kann man sich mit folgenden Sätzen verständlich machen.

Una vyakula bila nyama / samaki?
du-hast Mahlzeiten-3 ohne Fleisch / Fisch
Haben Sie Gerichte ohne Fleisch / Fisch?

Mimi sili nyama / samaki yo yote.
ich nicht-ich-esse Fleisch / Fisch irgendein
Ich esse überhaupt kein Fleisch / keinen Fisch.

Tafadhali unilete chapati mbili na chai moja!
bitte du-mir-sollst-bringen Pfannkuchen zwei und Tee eins
Bitte bringen Sie mir zwei Fladen und Tee!

Das Bier sieht zwar ausgesprochen unappetilich aus; aber man kommt auf diese Weise mit Einheimischen gut ins Gespräch.

Wenn Sie mal das Flair einer einheimischen Kneipe genießen wollen, dann fragen Sie – wenn Sie sich gerade auf dem Land oder in den Außenbezirken einer Stadt befinden – nach einer baa ya pombe (Pombe-Bar). Dort gibt es ein aus Hirse, Mais oder Bananen gebrautes, lokales Bier. Oft wird es aus recht großen Plastikkanistern getrunken.

Karibu, tunywe!
willkommen wir-sollen-trinken
Lasst uns trinken!

Karibu bia!
willkommen Bier
Wohl bekomm's! *(sagt der Gastgeber)*

Einkaufen

Auf dem Markt gibt es nahezu alles zu kaufen: Obst, Gemüse, Fleisch, Fisch sowie viele Kleinigkeiten für den alltäglichen Bedarf. Man sollte immer handeln, ansonsten zahlt man schnell einen überhöhten Preis. Der Markt ist im Allgemeinen das Zentrum einer Stadt oder eines Dorfes. Meistens ist auch der Busbahnhof unmittelbar nebenan. Hier sollte man besonders wachsam sein. Nirgendwo sonst tummeln sich so viele Taschendiebe wie auf den Märkten.

Mit einem Smartphone können Sie sich die mit einem 👂 gekennzeichneten Sätze dieses Kapitels anhören.

Ein Marktgespräch könnte wie hier dargestellt verlaufen. Auch beim Einkaufen tauscht man zunächst einige Begrüßungsfloskeln aus.

👂 **Habari gani mama?**
Nachrichten welche Frau
Guten Tag, Frau.

👂 **Nzuri tu. Hujambo?**
gut nur wie-geht's
Guten Tag. Wie geht's?

👂 **Sijambo, mama.**
Mir geht es gut, Frau.

👂 **Unataka nini?**
du-willst was
Was wünschen Sie?

👂 **Ninataka kununua ndizi na maembe.**
ich-möchte kaufen Bananen und Mangos-4
Ich möchte Bananen und Mangos kaufen.

Ndizi ni bei gani?
Bananen sind Preis welcher
Wieviel kosten die Bananen?

Shilingi saba na nusu kwa moja.
Shilling sieben und halb für eine
Siebeneinhalb Schillinge pro Stück.

Na maembe?
und Mangos-4
Und die Mangos?

Unapenda madogo au makubwa?
du-magst-gern kleine-4 oder große-4
Möchten Sie die kleinen oder die großen?

Madogo tu.
kleine-4 nur
Die kleinen.

Haya ni shilingi tano kwa moja.
diese sind Shilling fünf für eine
Diese kosten 5 Shilling pro Stück.

Tafadhali unilete ndizi tano na maembe matatu!
bitte du-mir-sollst-bringen Bananen fünf und Mangos-4 drei
Bitte geben Sie mir 5 Bananen und 3 Mangos!

Ni shilingi hamsini na mbili na nusu.
es-sind Shilling fünfzig und zwei und halb
Das macht 52 Shilling 50 Cent.

Ghali kabisa.
teuer ganz-und-gar
Das ist absolut zu teuer.

Ninakukupa shilingi thelathini.
ich-dir-gebe Shilling dreißig
Ich gebe Ihnen 30 Shilling.

Hapana. Bei yako rahisi sana.
nein Preis dein billig sehr
Nein. Das ist zu wenig.

Tuseme shilingi arobaini kwa zote.
wir-sollen-sagen Shilling vierzig für alles
Sagen wir 40 Shilling für alles.

Sawasawa, chukua tu!
ausgeglichen nimm nur
Einverstanden, nehmen Sie sie!

Haya, ahsante sana, pesa ni hizi hapa.
nun-denn danke sehr Geld ist dieses hier.
In Ordnung, vielen Dank. Hier ist das Geld.

Kwa heri.
mit Glück
Auf Wiedersehen.

Obst

matunda [Mz,4]	Obst
nanasi [4]	Ananas
balungi [4]	Grapefruit
pera [4]	Guave
fenesi [4]	Jackfrucht
nazi	Kokosnuss
embe [4]	Mango
chungwa [4]	Orange
papai [4]	Papaya
limau [4]	Zitrone

Gewürze

Für hoho *gibt es keine wörtliche Übersetzung, und der „schwarze Pfeffer" heißt* pilipili manga, *weil er aus Manga kommt.*

sukari	Zucker
muwa [miwa,2]	Zuckerrohr
chumvi	Salz
pilipili	Pfefferschote
pilipili hoho	roter Pfeffer
pilipili manga	schwarzer Pfeffer
pilipili tamu *Pfeffer süß*	süßer Pfeffer
karafuu	Nelke
tangawizi	Ingwer
siki	Essig
mafuta ya saladi *Öle-4 von Salat*	(Salat-)Öl
mawese	Palmöl

Gemüse, Getreide & Fleisch

bilingani [4]	Aubergine
maharagwe [Mz,4]	Bohnen (rote)
korosho [4]	Cashewnuss
yai [4]	Ei (Hühner-)
karanga	Erdnuss
samaki	Fisch
nyama	Fleisch
mboga [Mz]	Gemüse
ngano	Getreide (Weizen)
mtama [3]	Hirse
kiazi [3]	Kartoffel
kitunguu [3] **saumu**	Knoblauch
kabichi	Kohl
kaa	Krebs
boga [4]	Kürbis
mahindi [Mz,4]	Mais
unga wa mahindi *Mehl-6 von Mais(Mz)-4*	Maismehl
muhogo [mihogo,2]	Maniok
karoti	Möhre
bamia [4]	Okra
mchele [2]	Reis
saladi	Salat(kopf)
kiazi kitamu *Kartoffel-3 süß*	Süßkartoffel
nyanya	Tomate
unga wa ngano *Mehl-6 von Weizen*	Weizenmehl
kitunguu [3]	Zwiebel

Die verschiedenen Fleischsorten findet man im Kapitel „Essen & Trinken" auf S. 144.

Fotografieren

Beim Fotografieren muss man in Ostafrika äußerst behutsam und vorsichtig sein. Manche Einheimische können sehr wütend reagieren, wenn sie merken, dass sie von Touristen abgelichtet werden. In einigen Gegenden ist immer noch der Glaube verbreitet, dass man mit seinem Foto Macht über die Seele des Fotografierten ausüben kann. Wie überall auf der Welt sind auch in Ostafrika Feingefühl und Respekt angebracht.

Auf vielbesuchten Plätzen wie Märkten und Busbahnhöfen sollte man besonders zurückhaltend sein und möglichst auf das Fotografieren verzichten. Es ist strengstens verboten, Flughäfen, Bahnhöfe, Häfen und militärische Anlagen aller Art einschließlich Soldaten und Polizisten zu fotografieren. Wenn man sich nicht daran hält, kann das schwerwiegende Folgen (auch Haft) zur Folge haben.

Wer dennoch Menschen fotografieren möchte, sollte vorher den Kontakt suchen, sich mit ihnen unterhalten und sie dann um Erlaubnis fragen. Wenn man freundlich seine Absicht erklärt, wird es sicherlich keine Probleme geben. Allerdings kann es sein, dass man für das Bild bezahlen oder ein kleines Geschenk geben muss. Der Preis ist Verhandlungssache.

Nisamehe, inawazekana kupiga picha ya wewe?
entschuldige, es-ist-möglich schlagen Foto von du
Ist es möglich, ein Bild von Ihnen zu machen?

Kwa nini?
wegen was
Warum?

Ninataka kuzionyesha picha rafiki zangu.
ich-möchte sie-zeigen Bilder Freunden mein
Ich möchte die Fotos meinen Freunden zeigen.

Sawasawa.
ausgeglichen
In Ordnung.

Na una zawadi ndogo kwa mimi?
und du-hast Geschenk kleines für ich
Haben Sie ein kleines Geschenk für mich?

Ninaweza kukupa picha ya wewe sasa hivi.
ich-kann dir-geben Bild von du jetzt gerade
Ich kann Ihnen jetzt sofort ein Foto von Ihnen geben.

Kizuri sana. Ahsante!
schön sehr danke
Wunderbar. Danke!

Ahsante sana! Nakushukuru!
danke sehr ich-dir-danke
Vielen, vielen Dank!

Fotografieren

Inawezekana kununua filimu wapi?
es-ist-möglich kaufen Filme wo
Wo kann ich Film(rollen) kaufen?

Ninapenda kununua ...
ich-möchte-gern kaufen ...
Ich hätte gern einen ...

filimu ya slaidi *Film von Dias*	Dia-Film
filimu ya rangi *Film von Farbe*	Farbfilm
filimu bila rangi *Film ohne Farbe*	Schwarz-Weiß-Film

Unaweza kusafisha filimu yangu.
du-kannst reinigen Film mein
Können Sie meinen Film entwickeln lassen?

Telefonieren

In den Städten Ostafrikas gehört das Telefon zum täglichen Leben wie bei uns. Auf dem Land jedoch sind Telefonleitungen zum Teil noch immer eine Rarität, und die Verbindungen oft gestört. Ferngespräche müssen dort per Hand vermittelt werden.

Und heutzutage ist „Telefon“ auch in Ostafrika bereits synonym mit dem Handy.

Halo, ni nani?
hallo es-ist wer
Hallo, wer dort?

Ni mimi, Christoph.
es-ist ich Christoph
Ich bin es, Christoph.

Napenda kuzungumza na Bwana Juma.
ich-möchte-gern sich-unterhalten mit Herr Juma
Ich möchte gern Herrn Juma sprechen.

Bwana Juma hayupo nyumbani.
Herr Juma nicht-er-genau Haus-in
Herr Juma ist nicht zu Hause.

Tafadhali jaribu baadaye!
bitte versuch später
Versuchen Sie es bitte später!

Bwana Juma yupo.
Herr Juma er-genau
Herr Juma ist da.

Subiri kidogo.
sich-gedulden klein
Bitte gedulden Sie sich ein wenig.

Nitamwita.
ich-werde-ihn-rufen
Ich werde ihn rufen.

namba ya simu *Nummer von Telefon*	Telefonnummer
kitabu cha simu *Buch-3 von Telefon*	Telefonbuch
chumba cha kupigia simu *Zimmer-3 von Schlagen-8 Telefon*	Telefonzelle

Unataka namba ya simu gani?
du-willst Nummer von Telefon welche
Welchen Anschluss wollen Sie?

Naomba namba mbili tano tano nane.
ich-bitte-um Nummer zwei fünf fünf acht
Bitte verbinden Sie mich mit Anschluss 2558!

Tafadhali useme ...!
bitte du-sollst-sprechen ...
Bitte sagen Sie das ...!

... tena *... wieder*	noch einmal
... polepole *... langsam*	langsamer
... kwa sauti kubwa *... mit Stimme groß*	lauter

A	**Ali**	N	**Nakuru**
B	**Banda**	O	**Ona**
C	**Chakechake**	P	**Punda**
D	**Dodoma**	Q	**Quebec** (engl.)
E	**Entebbe**	R	**Rangi**
F	**Fumba**	S	**Simu**
G	**Gogo**	T	**Tatu**
H	**Homa**	U	**Uganda**
I	**Imba**	V	**Vitu**
J	**Jambo**	W	**Wali**
K	**Kenya**	X	**X-ray** (engl.)
L	**Lala**	Y	**Yai**
M	**Mama**	Z	**Zanzibar**

Das Buchstabier-Alphabet ist manchmal ganz nützlich, wenn man Namen oder andere ungewöhnliche Ausdrücke mitzuteilen hat.

Hii ni „A“ kama „Ali“ ...
dies ist „A“ wie „Ali“ ...
Das schreibt man „A“ wie „Ali“ ...

Handy-Shop in Tansania

Bank & Geld

Alle drei Länder Ostafrikas haben als Währung den Shilling (shilingi), der allerdings zu ganz unterschiedlichen Werten gehandelt wird. Es ist von daher immer wichtig zu wissen, ob von Kenia-, Tansania- oder Uganda-Shilling die Rede ist. Unterteilt ist ein Schilling in 100 Cents (senti).

Banken sind im Allgemeinen montags bis freitags von 9-14 Uhr und samstags von 9-11 Uhr geöffnet. Daneben gibt es mittlerweile auch eine ganze Reihe offizieller Wechselstuben, die länger geöffnet haben.

In den großen Städten und Touristenzentren an Kenias Küste ist das Geldtauschen im Allgemeinen keine große Sache. In kleineren Banken auf dem Lande kann es schon mal zu einer langwierigen und sehr bürokratischen Angelegenheit werden.

Geld schwarz zu tauschen ist verboten und auch in keinster Weise zu empfehlen.

... ni shilingi ngapi?
... es-sind Shilling wieviele
Wie viele Shilling bekomme ich für ...?

Dola za Kimarekani mia moja *Dollar von US-Amerikanisch-3 hundert eins*	100 US-Dollar
Euro mia moja *Euro hundert eins*	100 Euro
Pauni za Kiingereza elfu moja *Pfund von Englisch-3 tausend eins*	1000 Brittische Pfund
Franki ya Kiswisi elfu moja *Franken von Schweizerisch-3 tausend eins*	1000 Schweizer Franken

benki	Bank
pesa, fedha	Geld
fedha taslimu	Bargeld
Geld flüssig	
sarafu	Münze
noti	Geldschein
hundi	Scheck
hundi ya utalii	Travellerscheck
Scheck von Tourismus	
kadi ya benki	Kreditkarte
Karte von Bank	
akaunti	Konto
utumaji wa fedha	Überweisung
Sendung-6 von Geld	
kutuma fedha	überweisen
senden Geld	
kwa benki / posta	per Bank / Post
mit Bank / Post	
kima cha kubadilisha pesa	Wechselkurs
Kurs-3 von Wechseln-8 Geld	
kubadilisha pesa	Geld tauschen
tauschen Geld	
mahali pa kubadilisha pesa	Wechselstube
Ort-7 von Wechseln-8 Geld	

Inawezekana kubadilisha pesa za nje / pesa hapa?
es-ist-möglich wechseln Geld von außen / Geld hier
Kann ich hier Devisen / Geld tauschen?

Ninapenda kubadilisha za Euro mia mbili
ich-möchte-gern wechseln Euro hundert zwei
Ich möchte 200 Euro tauschen.

Post

posta	Post(amt)
stempu	Briefmarke
bahasha	Briefumschlag
kadi ya posta	Postkarte
furushi [4]	Paket
kifurushi [3]	Päckchen
fomu	Formular
kwa ndege	per Luftpost
kwa rejista	per Einschreiben
anwani	Adresse
barabara	Straße
namba ya nyumba	Hausnummer
namba ya ofisi ya posta	Postleitzahl
mpelekaji [1]	Absender
mpokeaji [1]	Empfänger
sanduku la kutia barua	Briefkasten
sanduku la posta	Postschließfach

Ninapenda kupeleka barua hii ...
ich-möchte senden Brief diesen ...
Ich möchte diesen Brief ... schicken.

Ujerumani	nach Deutschland
Austria	nach Österreich
Uswisi	in die Schweiz
Uholanzi (Netherlands)	in die Niederlande

Behörden

Behörden in Ostafrika arbeiten im Allgemeinen sehr bürokratisch und zeitaufwendig. Man sollte genau wissen, was man will, und sein Anliegen so sachlich und ruhig wie möglich vertreten. Ungeduld und Schimpferei bewirken nur das Gegenteil.

Auch wenn es manchmal so aussieht, als könne eine kleine „Zuwendung" die Sache vorantreiben, sollte man unbedingt die Finger davon lassen. Auf Bestechung stehen harte Strafen, und es sind schon manche Touristen dafür im Gefängnis gelandet!

Obwohl Kisuaheli sich mittlerweile auch als Amtssprache durchgesetzt hat – in Tansania mehr, in Kenia und Uganda weniger –, wird auf den Behörden und beim Zoll im Allgemeinen Englisch gut verstanden, zumindest in den großen Städten, auf Flughäfen und in den Seehäfen. Um Missverständnisse zu vermeiden, sollte man die Gespräche in der Sprache führen, in der man sich sicherer fühlt.

Beim Zoll

Una vitu vya kulipa ushuru wa forodha?
du-hast Dinge-3 von Zahlen-8 Steuer-6 von Zoll
Haben Sie etwas zu verzollen?

Vitu hivi ni zawadi / vitu binafsi tu!
Dinge-3 diese sind Geschenke / Dinge persönlich nur
Das sind Geschenke / persönliche Dinge!

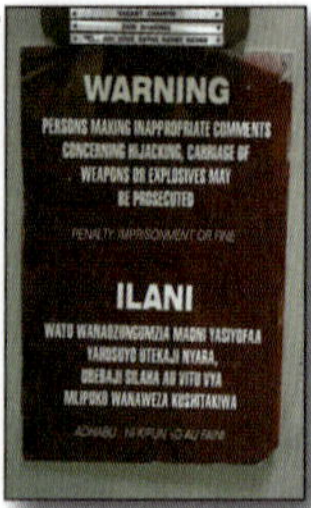

© Peter Rump

Warnung am Security Check in Tansania

wasili [6]	Ankunft
kuingia [8]	Einreise; einreisen
kutoka [8]	Weiter- / Ausreise; ausreisen
ondokeo [4]	Abreise
paspoti	Ausweis, Reisepass
viza	Visum
uhamiaji [6]	Passkontrolle
fomu	Formular
jina la kuitwa	Vorname
jina kuu	Nachname
anwani ya nyumbani	Wohnort
sahihi	Unterschrift
kutia sahihi	unterschreiben
forodha	Zoll
kulipa ushuru wa forodha	verzollen
fomu ya forodhani	Zollerklärung
sanduku [4]	Koffer

Tafadhali unisaidie kujaza fomu ya forodhani!
bitte du-mir-sollst-helfen ausfüllen Formular von Zoll-in
Helfen Sie mir bitte, die Zollerklärung auszufüllen?

Bei der Polizei Auch hier gilt, möglichst sachlich sein Anliegen vorzutragen und darauf zu dringen, dass alles schriftlich aufgenommen und beglaubigt wird, vorzugsweise auf Englisch. Wenn möglich, sollte man einen eigenen Zeugen dabei haben. Handelt es sich um einen schwerwiegenden Fall (Raubüberfall, schwerer Autounfall usw.), empfiehlt es sich, sofort die Botschaft um Beistand zu bitten.

Umwite polisi tafadhali!
du-ihn-sollst-rufen Polizei bitte
Rufen Sie bitte die Polizei!

Kituo cha polisi kiko wapi?
Ort-3 von Polizei er-irgendwo wo
Wo ist die nächste Polizeiwache?

Nimeshambuliwa!
ich-bin-überfallen-worden
Man hat mich überfallen!

Nimeibiwa!
ich-bin-bestohlen-worden
Man hat mich bestohlen!

Nimepoteza ...
ich-habe-verloren ...
Ich habe ... verloren.

Nimeibiwa ...
ich-bin-bestohlen-worden ...
Man hat mir ... gestohlen.

pesa, fedha	Geld	**kikoba cha pesa**	Brieftasche
mkoba [2]	Handtasche	**saa**	Uhr
mapambo [Mz,4]	Schmuck	**kamera**	Fotoapparat
gari [4]	Auto	**tikiti ya ndege**	Flugschein

Krank sein

Gemessen am mitteleuropäischen Standard funktioniert das Gesundheitssystem in Ostafrika eher ungenügend. Es gibt zwar überall kleine Krankenstationen, die allerdings im Allgemeinen schlecht ausgestattet sind und hygienisch nur den minimalsten Anforderungen entsprechen. Eine sehr gut sortierte Reiseapotheke ist daher ein unbedingtes Muss. Dazu gehören in jedem Fall auch Einwegspritzen.

Tafadhali unionyeshe njia kwenda hospitali / zahanati!
bitte du-mir-sollst-zeigen Weg nach Krankenhaus / Krankenstation
Bitte zeigen Sie mir den Weg zum Krankenhaus / zur Krankenstation!

Krank sein

Beim Arzt

Ninafikiri mimi ni mgonjwa.
ich-denke ich bin krank
Ich glaube, ich bin krank.

Kuna daktari hapa?
es-gibt Arzt-4 hier
Gibt es einen Arzt?

Nenda haraka tafadhali!
geh Eile bitte
Machen Sie bitte schnell!

Umwite daktari sasa hivi tafadhali!
du-ihn-sollst-rufen Arzt-4 jetzt gerade bitte
Bitte rufen Sie sofort einen Arzt!

Inauma sana hapa!
es-wehtut sehr hier
Hier tut es mir sehr weh!

In diesen Satz lassen sich die Wörter aus der folgenden Liste einsetzen.

Nina maumivu ya ...
ich-habe Schmerzen-4 von ...
Mir tut / tun ... weh.

mkono [2]	Arm; Hand
jicho [macho,4]	Auge
tumbo [4]	Bauch
mguu [2]	Fuß; Bein
ziwa [4]	Brust (weibliche)
kifua [3]	Brust(korb)
utumbo [6]	Darm
shingo [4]	Hals
ngozi	Haut
moyo [mioyo,2]	Herz
kiuno [3]	Hüfte
goti [4]	Knie
mfupa [2]	Knochen

kichwa [3]	Kopf
manena	Leiste
pafu [4]	Lunge
mdomo [2]	Mund
musuli	Muskel
pua	Nase
figo [4]	Niere
sikio [4]	Ohr
mgongo [3]	Rücken
bega [4]	Schulter
jino [meno,4]	Zahn

Nina shida za ...
ich-habe Probleme von ...
Ich habe Probleme mit ...

In diesen Satz passen wieder die Wörter aus der folgenden Liste:

ukimwi [6]	Aids
kutoka damu	Blutung
Herauskommen-8 Blut	
ugonjwa wa kuhara	Durchfall
Krankheit-6 von Durchfall-haben-8	
kichomi [3]	Entzündung
mafua [Mz,4]	Erkältung
homa	Fieber
donda [4]	Geschwür
homa ya mafua	Grippe
Fieber von Erkältung-4	
kohoo [4]	Husten
homa ya Malaria	Malaria
Fieber von Malaria	
zingizi	Periodenschmerzen
chubuko [3]	Schürfwunde

homa ya harara *Fieber von Heftigkeit*	Schüttelfrost
mimba	Schwangerschaft
kizunguzungu [3]	Schwindelgefühl
kifua kikuu *Erkältung-3 bedeutend*	Tuberkulose
kuteguka [8]	Verrenkung
jeraha [4]	Wunde
homa ya papasi *Fieber von Zecke*	Zeckenfieber
ugonjwa wa sukari *Krankheit-6 von Zucker*	Zuckerkrankheit

Medikamente

antibiotics (engl.)	Antibiotika
condom (engl.)	Kondom
plasta	Pflaster
dawa ya kupakaa *Medizin von Auftragen-8*	Salbe
kidonge [3]	Tablette
matone [Mz,4]	Tropfen
gango [4]	Verband
dawa ya kuzuia uzazi *Medizin von Verhindern-8 Elternschaft-6*	Verhütungsmittel
kidonge cha kuzuia uzazi *Tablette-3 von Verhindern-8 Elternschaft-6*	Verhütungspille

Mguu umevunjika.
Bein / Fuß ist-gebrochen
Das Bein (*od.* der Fuß) ist gebrochen.

Sijisikii vizuri.
nicht-ich-wahrnehme gut
Mir ist schlecht.

Nilitapika wakati wote.
ich-übergab-mich Zeit-6 ganze
Ich musste mich ständig übergeben.

Nina mimba (ya miezi mitatu).
ich-habe Schwangerschaft (von Monate-3 drei)
Ich bin schwanger (im 3. Monat).

Nina maumivu ya kichwa / meno.
ich-habe Schmerzen-4 von Kopf-3 / Zähne-4
Ich habe Kopf- / Zahnschmerzen.

Nimeanguka.
Ich bin hingefallen.

Ninahara.
Ich habe Durchfall.

Niliumwa na ...
ich-wurde-gestochen / gebissen von ...
Ich bin von ... gestochen/gebissen worden.

mdudu [1]	Insekt	**nyuki**	Biene
mbu	Mücke	**buibui**	Spinne
papasi	Zecke	**ndorobo**	Tse-Tse-Fliege
nyoka	Schlange	**tandu**	Tausendfüßler

Diabetiker können ihre Krankheit wie folgt umschreiben:

Siwezi kula sukari, kwa sababu nina ugonjwa wa sukari.
nicht-ich-kann essen Zucker mit Grund ich-habe Krankheit-6 von Zucker
Ich darf keinen Zucker essen, weil ich zuckerkrank bin.

Sitaki sindano yako!
nicht-ich-will Spritze deine
Bitte keine Spritze!

Nina sindano yangu mwenyewe.
ich-habe Spritze meine selbst
Ich habe meine eigene Spritze dabei.

Sindano hizi ni kwa hali ya ugonjwa tu!
Nadeln diese sind für Zustand von Krankheit-6 nur
Die Spritzen habe ich nur für den Notfall mit!

An der Grenze könnte es einem passieren, dass man auf die Einwegspritzen angesprochen wird. Natürlich dürfte es schwierig werden, den Grenzbeamten davon zu überzeugen, dass man kein „Junkie" ist.

Ninahitaji risiti na aina ya ugonjwa kwa bima yangu.
ich-brauche Quittung mit Art von Krankheit-6 für Versicherung meine
Ich brauche eine Bescheinigung mit Diagnose für meine Versicherung.

Noch ein Wort zu Aids

Das Thema Aids (ukimwi) ist absolut tabu-beladen. Aids wird normalerweise nie im Zusammenhang mit einem Kranken oder Verstorbenen genannt. Man kann in solchen Fällen Aids umschreiben mit:

ugonjwa wa kisasa
Krankheit-6 von modern
die moderne Krankheit

Die Kranken sterben – so wird einem erklärt – an anderen Krankheiten wie TBC oder Durchfall. Es ist sehr unhöflich, jemanden zu fragen, ob jemand Aids hat oder daran gestorben ist.

Dringende Hilferufe

Wenn Sie in Not geraten sind, bitten Sie die Menschen in Ihrer Nähe ohne Umschweife um Hilfe. Versuchen Sie nicht, ihnen genau zu erklären, um was es sich handelt; denn entweder wird man sich in der Aufregung total verhaspeln, oder die Einheimischen begreifen es gar nicht.

Mit einem Smartphone können Sie sich die mit einem gekennzeichneten Sätze dieses Kapitels anhören.

Unisaidie tafadhali!
du-mir-sollst-helfen bitte
Helfen Sie mir bitte!

Nina shida sana.
ich-habe Probleme sehr
Ich habe große Probleme.

Tafadhali umwite mtu ambaye anafahamu Kiingereza!
bitte du-ihn-sollst-rufen Mensch-1 welcher versteht Englisch-3
Holen Sie bitte jemanden, der Englisch spricht!

Fragen Sie am besten sofort nach jemandem, der Englisch spricht.

Tafadhali unionyeshe njia ya …!
bitte du-mir-sollst-zeigen Weg von …
Zeigen mir bitte den Weg zum / zur …!

hoteli	Hotel
hospitali	Krankenhaus
polisi	Polizei

Ni lazima nipige simu sasa hivi!
es-ist nötig ich-soll-schlagen Telefon jetzt gerade
Ich muss sofort telefonieren!

Kituo cha polisi kiko wapi?
Ort-3 von Polizei er-irgendwo wo
Wo ist die nächste Polizeistation?

Haraka, haraka!
schnell, schnell
Beeilung!

Toilette

In Ostafrika braucht man die Frage nach der Toilette nicht hinter vorgehaltener Hand zu stellen. Es ist schließlich ganz natürlich, mal auf die Toilette gehen zu müssen. Wichtig ist, dass man immer Toilettenpapier dabei hat.

Choo chako kiko wapi?
Toilette-3 dein sie-irgendwo wo
Wo befindet sich Ihre Toilette?

Ni lazima niende chooni!
es-ist nötig ich-soll-gehen Toilette-zu
Ich muss mal!

Karatasi ya choo iko?
Papier von Toilette-3 es-irgendwo
Ist Klopapier vorhanden?

Tafadhali usimame ili mimi niweze kwenda chooni!
bitte du-sollst-anhalten damit ich ich-soll-können gehen Klo-3-zu
Halten Sie bitte an, damit ich mal austreten kann!

Als Beschriftung kann an Toiletten stehen:

wanawake / mabibi	Damen
wanaume / mabwana	Herren

Schimpfen & Fluchen

Als Ausländer wird man in Ostafrika im Allgemeinen sehr höflich behandelt. Kein Einheimischer wird einen Touristen öffentlich beschimpfen, auch wenn diesem in diesem Moment vielleicht so zumute ist. Dasselbe gilt natürlich auch für Touristen! Schimpfworte sind nicht angebracht! Nur wenn man sich ernsthaft bedroht fühlt, sollte man zu diesem „letzten Geschütz" greifen.

Diese Ausdrücke sind hilfreich, um ungeliebte Gäste loszuwerden, z. B. wenn jemand penetrant neugierig ist oder wenn einige Kinder in verdächtiger Weise immer wieder um einen herumschleichen.

Usinisumbue!
du-nicht-mich-sollst-belästigen
Lass mich in Ruhe!

Msinisumbue!
ihr-nicht-mich-sollt-belästigen
Lasst mich in Ruhe!

Nenda / nendeni huko!
geh / geht dort-irgendwo
Hau / haut ab!

Juha! [4]	Dummkopf / Idiot!
Mshenzi! [1]	Wilder / Barbar!

Mshenzi! ist das schwerste Geschütz. Man sollte es selber besser nicht anwenden. Denn man wird ernsthafte Schwierigkeiten bekommen, weil sich der Beleidigte in seiner Ehre auf das äußerste verletzt fühlt.

Literaturhinweise

Wer sich noch intensiver mit der Sprache Kisuaheli befassen möchte, dem empfehle ich die folgenden Lehr- und Wörterbücher:

Lehrbücher

Beat Wandeler: „Lehrbuch des Swahili für Anfänger".
Buske Verlag, Hamburg 2008 (2. Aufl.),
342 Seiten, *das wohl beste und praktischste deutschsprachige Lehrbuch, das zur Zeit erhältlich ist.*

Ernesti Shivutse: „Suaheli für Sie".
Max Hueber Verlag, München 1992,
236 Seiten, *sehr akademisch, aber gute Grammatik*

P. M. Wilson: „Simplified Swahili".
East African Literature Bureau Nairobi 1970, 561 Seiten, *ausgezeichnet einfaches Lehrschema*

Wörterbücher

D. V. Perrott: „Concise Swahili and English Dictionary".
Teach Yourself Books London 1965, 184 Seiten, *sgezeichnet für den täglichen Gebrauch*

Lemmer ldewa: „Suaheli-Deutsch / Deutsch-Suaheli".
70186 Stuttgart, Waldmeisterweg 28, Selbstverlag für Suaheli, *sehr umfangreich*

Hildegard Höftmann: „Swahili - Deutsch".
Langenscheidt KG, Berlin 2000, 403 Seiten, *das Beste auf diesem Gebiet*

Karsten Legère: „Deutsch - Swahili".
Langenscheidts Handwörterbuch, München 2001, *sehr umfangreich*

Die hier genannten Bücher und Schriften sind nicht über den Reise Know-How Verlag erhältlich! Bitte wenden Sie sich an Ihre Buchhandlung an eine gute Bibliothek, oder versuchen Sie es per Internet-Recherche.

© Peter Rump

Bei den ***Hauptwörtern*** *wird die Hauptwortklasse durch die entsprechende Ziffer in eckigen Klammern gekennzeichnet. Steht keine Ziffer, gehört das Hauptwort der 5. Klasse an.*

Bei ***zusammengesetzten Hauptwörtern*** *wird die Hauptwortklasse für den Teil der Zusammensetzung angegeben, von dem auch weitere gebeugte Formen (z. B. die Kennsilben eines Tätigkeitswortes) abhängen.*

Hauptwörter *mit der Kennzeichnung* [Mz] *werden* ***nur in der Mehrzahl*** *verwendet.*

Unregelmäßige Mehrzahlformen *werden zusammen mit der Hauptwortklasse vollständig in eckigen Klammern angegeben.*

Tätigkeitswörter *werden nur unter ihrem Stamm (und vorangestelltem Bindestrich) und der nachgestellten Silbe* [ku] *(bzw.* [kw] *bei den Ausnahmen* -enda *und* -isha*) angegeben. Auch bei zusammengesetzten Tätigkeitswörtern.*

A

Abend jioni
abends jioni
aber lakini
abfahren ondoka [ku]
Abfall takataka
abladen -pakua [ku]
ablehnen -kataa [ku]
abmessen -pima [ku]
abreisen -ondoka [ku]
abschalten -funga [ku]
abschließen -funga [ku]
abwärts chini
addieren -ongeza [ku]
Adresse anwani
Affe tumbili
Affenbrotbaum mbuyu [2]
Afrika Afrika
Afrikaner/in Mwafrika [1]
afrikanisch -a Kiafrika
ähnlich sawa
alle -ote (+ Relativsilbe)
als (mehr) kuliko
alt (Ding) -a zamani; **(Mensch)** -zee
Alter umri
Ameise siafu
Amerika Marekani
Amerikaner/in Mwamerika [1]
amerikanisch -a Kimarekani
Ananas nanasi [4]
anbieten -toa [ku]
andere, -r, -s -ingine
ändern -badilisha [ku]
Anfang mwanzo [2]
anfangen -anza [ku]
Angelegenheit jambo [mambo, 4]
angeln -vua samaki [ku]
Angestellter mtumishi [1]
Angst hofu
anhalten -simama [ku]
anklagen -shtaki [ku]
anklopfen -bisha [ku]
ankommen -fika [ku]
Ankunft wasili [6]
annähen -shonea [ku]
anprobieren jaribu [ku]
anschalten -fungua [ku]
anschieben -kumba [ku]
ansehen -angalia [ku]
anstatt badala ya
Antwort jibu [4]
antworten -jibu [ku]
anziehen, sich -vaa [ku]
Anzug suti
Apfelsine chungwa [4]
Apotheke duka [4] la madawa
Arbeit kazi
arbeiten -fanya [ku] kazi
Arbeiter mfanyakazi[1]
ärgerlich sein -kasirika [ku]
arm maskini
Arm mkono [2]
Arznei dawa
Arzt/Ärztin daktari [4]
Ast tawi [4]
auch pia, vilevile
auf juu ya
aufhalten, sich -kaa [ku]
aufhören -maliza [ku]
aufmachen -fungua [ku]
aufpassen -angalia [ku]
aufschließen -fungua [ku]
aufstehen -simama [ku]
aufwecken -amsha [ku]
Auge jicho [macho, 4]
ausfüllen (Formular) -jaza [ku]
ausgezeichnet bora
Ausländer/in mgeni [1]
auspacken -pakua [ku]
ausprobieren -jaribu [ku]
ausruhen, sich -pumzika [ku]
außen nje
aussteigen -teremka [ku]
aussuchen -chagua [ku]
Auster chaza
auswählen -chagua [ku]
Auto gari [4], motokaa

B

Bach kijito [3]
Badeanzug nguo ya kuogelea
baden -oga [ku]
Bahnhof stesheni
bald punde
Balken ubao [6]
Banane ndizi
Bank (Geld) benki
Baobab mbuyu [2]
bar: b. zahlen -lipa [ku] taslimu
Bar baa
Bart udevu [6]

Batterie betri
Bauch tumbo [4]
bauen -jenga [ku]
Bauer mkulima [1]
Baum mti [2]
Baumwolle pamba
beabsichtigen -taka [ku]
beenden -maliza [ku]
Beerdigung mazishi [Mz, 4]
befinden, sich -wa [ku]
Beginn mwanzo [2]
beginnen -anza [ku]
Behälter chombo [3]
bei kwa
Bein mguu [2]
Beispiel mfano [2]
beißen -uma [ku]
bekommen -pata [ku]
belästigen -sumbua [ku]
benötigen -hitaji [ku]
benutzen -tumia [ku]
Benzin petroli
bequem starehefu
bereit tayari
Berg mlima [2]
Beruf kazi
beschuldigen -shtaki [ku]
besser afadhali
besteigen -panda [ku]
besuchen -tembelea [ku]
Besucher/in mgeni [1]
beten -omba [ku]
Betrag kiasi
betrunken -levi
Bett kitanda [3]
Bettdecke blanketi
Bettlaken shiti [4]
bevor kabla
bezahlen -lipa [ku]
Bezahlung malipo [Mz, 4]
Biene nyuki
Bier bia, pombe
Bild picha
billig rahisi
Bindfaden ugwe [6]
bis mpaka
bitte tafadhali
bitten um -omba [ku]
bitter -chungu
Blatt jani [4]
blau buluu
blind -pofu
Blinde/r kipofu [3]
Blitz umeme [6]
Blume ua [4]
Bluse blauzi
Blut damu
Blutegel ruba [4]
Boden (Erde) udongo [dongo, 6]
Bohnen (rote) maharagwe [Mz, 4]
Bonbon peremende [4]
Boot shua [4]
böse -baya
Boss (Chef) mkuu [1]
Botschaft (dipl.) ubalozi [4]
brauchen -hitaji [ku]
breit -pana
Brett ubao [6]
Brief barua
Briefmarke stempu
Briefumschlag bahasha
Brille miwani [Mz, 2]
bringen -leta [ku]
Brot mkate [2]
Bruder kaka, ndugu
Brücke daraja [4]
Brunnen kisima [3]
Brust (-korb) kifua [3]; **(weibl.)** ziwa [4]
Buch kitabu [3]
Bucht ghuba
Büro ofisi
Büstenhalter sidiria
Bus basi [4]
Busbahnhof kituo [3] cha mabasi
Busen (weibl.) maziwa [Mz, 4]
Butter siagi

C

Cashewnuss korosho [4]
Cent senti
Chef (Boss) mkuu [1]
Chilipfeffer pilipili
Cholera kipindupindu
Christ/in mkristo [1]
Creme kirimu

D

Dach paa [4]
Dachboden dari
Dame bibi [4]
damit ili
Dampfer meli
danach halafu
danke ahsante
dann halafu
dass kwamba
Datum tarehe

Dauer muda [2]
Decke (Tisch-) tandiko [4]
denken -fikiri [ku]
denn (weil) kwa sababu
dennoch hata hivyo
deutsch -a Kijerumani
Deutsch (Sprache) Kijerumani [3]
Deutsche/r Mjerumani [1]
Deutschland Ujerumani [6]
dick -nene
Dieb/in mwizi [wezi, 1]
Diebstahl wizi [6]
Diesel dizeli
Ding kitu [3]
direkt moja kwa moja
Dolmetscher/in mkalimani [1]
Dorf kijiji [3]
Dose kopo [4]
draußen nje
Dreck uchafu [6]
dreckig -chafu
drinnen ndani
Drogerie duka [4] la madawa
duften -nukia [ku]
dumm -jinga
Dunkelheit giza
dünn -embamba
durch kwa
Durst kiu
durstig sein -wa [ku] na kiu

E

Ebene tambarare
ebenso vilevile
Ecke pembe
ehe kabla
Ehefrau mke [1]
Ehemann mume [1]
ehrlich -aminifu
Ei yai [4]
Eidechse mjusi [2]
Eile haraka
eilig kwa haraka
Eimer ndoo
einfach rahisi
einfüllen -tia [ku]
einige -ingine
einkaufen -nunua [ku]
einladen -alika [ku]
Einladung mwaliko [2]
einsteigen -panda [ku]
eintreten -ingia [ku]
einverstanden ninakubali, sawasawa
Eis barafu
Eisen chuma [3]
Eisenbahn gari [4] la moshi
Eisenbahnzug treni
Elefant tembo
Elektrizität umeme [6]
Eltern wazazi [Mz, 1]
Ende mwisho [2]; **zu. gehen** -isha [kw]
eng -embamba
Engländer/in Mwingereza [1]
England Uingereza [6]
englisch -a Kiingereza
Englisch (Sprache) Kiingereza [3]
Enkelkind mjukuu [1]
Ente bata [4]
Entschuldigung nisamehe, samahani
entweder ... oder ama ... ama
Entzündung kichomi [3]
Erde (Boden) udongo [dongo, 6]; **(Welt)** dunia
Erdnuss karanga
Erfahrung ujuzi [6]
erhältlich sein -patikana [ku]
erhalten -pokea [ku]
erinnern an, sich -kumbuka [ku]
Erkältung mafua [Mz, 4]
erklären -eleza [ku]
erlauben -ruhusu [ku]
Erlaubnis ruhusa
erlaubt sein -ruhuswa [ku]
Ermäßigung kipunguzi [3]
Ernte mavuno [Mz, 4]
essbar sein -lika [ku]
essen -la [ku]
Essen chakula [3]
Etage ghorofa
etwas (wenig) kidogo
Europa Ulaya [6]
Europäer/in Mzungu [1]
Europäisch -a Kizungu

F

fähig hodari
Fahne bendera
fahren -enda [ku]; **(lenken)** -endesha [ku]
Fahrer dereva [4]
Fahrkarte tikiti
Fahrpreis nauli
Fahrrad baiskeli
Fahrschein tikiti
fallen -anguka [ku]
falls kama
falsch -baya
Familie jamaa
fangen -kamata [ku]
Farbe rangi
fast karibu
faul -vivu
Fehler kosa [4]; **F. machen** -kosa [ku]
Feiertag sikukuu
Feind adui [4]
Feld shamba [4]
Felsen jabali [4], mwamba [2]
Fenster dirisha [4]
Ferien likizo [4]
fern mbali
fertig tayari
Fett mafuta [Mz, 4]
feucht majimaji
Feuer moto [mioto, 2]
Feuerholz kuni [Mz, 6]
Feuerstelle jiko [meko.4]
Feuerzeug kibiriti [3] cha gesi
Fieber homa
Film filimu
finden -pata [ku]
Finger kidole [3]
Fisch samaki
Fischer mvuvi [1]
Flasche chupa
Fleisch nyama
Fliege inzi [4]
fliegen -ruka [ku]
Flugplatz kiwanja [3] cha ndege
Flugzeug ndege
Fluss mto [2]
Flusspferd kiboko [3]
folgen -fuata [ku]
Fortschritt maendeleo [Mz, 4]
fortsetzen -endelea [ku]
Foto picha
Frage swali [4]
fragen -uliza [ku]
Frankreich Ufaransa [6]
französisch -a Kifaransa
Französisch (Sprache) Kifaransa [3]
Franzose/-in Mfaransa [1]
Frau mwanamke [1]; **(Anrede)** bibi [4], mama
Frechheit ujuvi [6]
Freiheit uhuru [6]
Freizeit nafasi
Fremde/r mgeni [1]
Freund rafiki
freundlich -a kirafiki
Frieden amani
frisch -bichi
Friseur kinyozi [3]
Frosch chura [3]
Frucht tunda [4]
früh mapema
früher zamani
frühmorgens asubuhi
Frühstück chai ya asubuhi
führen -ongoza [ku]
Führer mwongozi [1]
füllen -jaza [ku]
für kwa
Furcht hofu
fürchten -ogopa [ku]
Fuß mguu [2]; **zu F.** kwa miguu

G

Gabel uma [6]
Gallone galoni
ganz -zima; **g. und gar** kabisa
Garn uzi [6]
Garten bustani
Gast mgeni [1]
Gatte mume [1]
Gattin mke [1]
gebären -zaa [ku]
geben -pa [ku]; **(es gibt)** kuna, iko
Gebet sala
gebraten -a kukaanga
Gebühr ada
Geduld saburi
Gefahr hatari
gefährlich -enye hatari
Gefängnis gereza [4]
gefallen -pendeza [ku]
Gefäß chombo [3]
Geheimnis siri
gehen -enda [kw]

Gehirn ubongo [6]
Geist roho
geizig -enye choyo
gekocht -tokota
gelb manjano
Geld pesa, fedha, hela
Gemüse mboga [2]
genügend -a kutosha
Gepäck mzigo [2]
gerade -nyofu
geradeaus moja kwa moja
Gerichtshof mahakama
gern haben -penda [ku]
Geschäft (Handel) shughuli; **(Laden)** duka [4]
geschehen -tukia [ku]
Geschenk zawadi
Geschichte hadithi
Geschmack (Aroma) ladha
Gesetz sheria
Gespräch zungumzo [4]
gestern jana
gesund -zima
Getränk kinywaji [3]
Gift sumu
giftig -enye sumu
Gipfel kilele [3]
Gitarre zeze
Glas (Fenster-) kioo [3]; **(Trink-)** bilauri
glauben -dhani [ku]; **(relig.)** -amini [ku]
gleich (sofort) sasa hivi; **(so wie)** sawa na
Glück bahati
Gold dhahabu
Gott Mungu [2]
Gras majani [Mz, 4]
grau -a kijivu
Grenze mpaka [2]
Grippe homa ya mafua
groß -kubwa
Großmutter nyanya
Großvater babu
grüßen -salimia [ku]
Gürtel ukanda [4]
gut -zuri

H

Haar nywele [Mz, 6]
haben -wa na [ku]
Händler mfanyabiashara [1]
Hafen bandari
Hahn jogoo [4]
Hai papa
halb nusu
Hals shingo [4]
halt! simama!
Hammer nyundo
Hand mkono [2]
handeln -fanya biashara [ku]
Handtasche mkoba [2]
Handtuch taulo
Handwerker fundi [4]
hart -gumu
Hase sungura
Hast haraka
Haus nyumba
Haut ngozi
heiraten (Mann) -oa [ku]; **(Frau)** -olewa [ku]
heiß (Eig.) -a joto; **(Umst.)** joto; **(Sonne)** jua [4] kali **(Wasser)** maji [Mz, 4] moto
heißen -itwa [ku]
helfen -saidia [ku]
Hemd shati [4]
herausnehmen -toa [ku]
Herberge hoteli
Herd jiko [meko, 4]
herein! karibu!
Herr (Anrede) bwana [4]
herrlich -zuri
herstellen -tengeneza [ku]
herunter chini
Herz moyo [mioyo, 2]
heute leo
hier hapa
Himmel mbingu [Mz, 6]
hinauf juu
hinfallen -anguka [6]
hinstellen -weka [ku]
hinten nyuma
hinter nyuma ya
hinzufügen -ongeza [ku]
Hitze joto
hoch -refu
Hochzeit arusi
hoffen -tumaini [ku]
Hoffnung tumaini [4]
Höhle pango [4]
holen -leta [ku]
Holz mbao [Mz, 6]
Honig asali
hören -sikia [ku]
Hose (lange) suruali; **(kurze)** kaputula

Hotel hoteli
hübsch -rembo
Hügel kilima [3]
Huhn kuku
Hund mbwa
hunderttausend laki
Hunger njaa
hungrig sein -wa na njaa [ku]
husten -kohoa [ku]
Hut kofia
Hütte kibanda [3]

I

Idee wazo [4]
Idiot juha [4]
immer (stets) daima; **(jeden Tag)** siku zote
impfen -piga sindano [ku]
in kwa
Inder Mhindi [1]
Indien Uhindi [6]
indisch -a Kihindi
Infektion ambukizo [4]
informieren -ambia [ku]
Ingwer tangawizi
inmitten von katikati ya
Insekt mdudu [1]
Insel kisiwa [3]
Interesse maslahi
Islam Uislamu [6]

J

ja ndiyo
Jackett koti [4]
jagen -winda [ku]
Jäger mwindaji [4]
Jahr mwaka [2]
jede, -r, -s kila
jetzt sasa
jung -a kijana
Junge kijana [3]

K

Kaffee kahawa; **(Pflanze)** mbuni [2]
Kakao kakao
Kakerlake mende
Kalebasse kibuyu [3]
Kalender kalenda
kalt baridi
Kamera kamera
Kamm chanuo [4]
Kaninchen sungura
kaputt gehen -haribika [ku]
Karotte karoti
Kartoffel kiazi [3]
Käse jibini
Katze paka
kaufen -nunua [ku]
Kellner/in mwandazi [1]
kennen -jua [ku]
Kerze mshumaa [2]
Kette mnyororo [2]
Kilogramm kilo
Kilometer kilometa
Kind mtoto [1]
Kino sinema
Kirche kanisa [4]
Kissen mto [2]
Klasse (Beförderungs-) daraja [4]; **(Schul-)** darasa [4]
Kleid nguo
klein -dogo
klettern -panda [ku]
klopfen -bisha [ku]
Kneipe baa
Knie goti [4]
Knoblauch kitunguu [3] saumu
Knochen mfupa [2]
Knopf kifunguo [3]
Koch mpishi [1]
kochen -pika [ku]
Kochtopf sufuria
Koffer sanduku [4]
Kohl kabichi
Kokosnuss nazi
Kokospalme mnazi [2]
kommen -ja [ku]
komm her! njoo!
können -weza [ku]
Kopf kichwa
Koralle marijani
Korb kikapu [3]
Körper mwili [2]
kosten -dhuku [ku]
Kosten gharama
Krabbe kaa
kräftig -enye nguvu
Kragen ukosi [4]
krank -gonjwa
Krankenhaus hospitali
Krankenschwester, -pfleger mwuguzi [1]
Krankenstation zahanati
Krankheit ugonjwa [6]
Krawatte tai
Krebs kaa
Kreuz msalaba [2]

Krieg vita
Krokodil mamba
Küche jikoni
Küchenschabe mende
Kugelschreiber kalamu
Kuh ng'ombe
kühl baridi
Kühlschrank mashine ya barafu
kurz -fupi
Kuss busu [4]
küssen -busu [ku]
Küste pwani

L

lachen -cheka [ku]
Laden duka [4]
Lage upande [6]
Lagune bwawa [4]
Laken shiti [4]
Lampe taa
Land nchi
Landkarte ramani
lang -refu
langsam polepole
Lappen kitambaa [3]
Lärm kelele [4]
lärmen -piga kelele [ku]
lassen -acha [ku]
laufen -kimbia [ku]
Laus chawa
laut kwa sauti kubwa
leben -ishi [ku]
Leben maisha [Mz, 4]
Leber ini [4]
Leder ngozi
leer -tupu
legen -weka [ku]
Lehmboden udongo [dongo, 6]
lehren -fundisha [ku]
Lehrer mwalimu [1]
leicht rahisi
leid: es tut mir l. pole sana
leihen -kopa [ku]
Leine kamba
leise kimya
Leiter ngazi
lernen -jifunza [ku]
lesen -soma [ku]
letzte, -r, -s -a mwisho
Leute watu [Mz, 1]
Liebe upendo [6]
lieben -penda [ku]
lieber mögen -pendelea [ku]
Lied wimbo [6]
liegen -lala [ku]
Limonade soda
Limone limau [4]
links -a kushoto
Liste orodha
Liter lita
Lob sifa
Loch shimo [4]
Löffel kijiko [3]
Lohn mshahara [2]
Luft hewa
Lüge uwongo [6]

M

machen -fanya [ku]
Machete panga [4]
Mädchen msichana [1]
Made funza
Magen tumbo [4]
Mahlzeit chakula [3]
Mais mahindi [Mz, 4]
Maisbrei ugali [6]
Makrele kalambesi
Mal mara
Malaria malaria
Mama mama
manchmal mara chache
Mango embe [4]
Maniok muhogo [mihogo, 2]
Mann mwanamume [1]
Mantel koti [4]
Markt soko [4]
Maschine mashine, injini
Matratze tandiko [4]
Matte mkeka [2]
Maul mdomo [2]
Maus panya
Medizin dawa
Meer bahari
Mehl unga [6]
mehr zaidi
Meile maili
meinen -dhani [ku]
Mensch mtu [1]
Messer kisu [3]
Messing shaba
Meter meta
Miete kodi
mieten -kodi [ku]
Milch maziwa [Mz, 4]
Million milioni
Minute dakika
mit na, kwa
Mittag mchana [2]

Mittagessen chakula [3] cha mchana
modern -a kisasa
mögen -penda [ku]
möglich sein -wezekana [ku]
Möhre karoti
Monat mwezi [2]
Mond mwezi [2]
Moped pikipiki
morgen kesho
Morgen asubuhi
Moschee msikiti [2]
Moskito mbu
Moskitonetz chandalua [3]
Motor mota, injini
Motorrad pikipiki
müde werden -choka [ku]
Müll takataka
Mund mdomo [2]
Muschel kombe
Musik musiki
Muslim/in Mwislamu [1]
Mutter mama
Mütze kofia

N

nach (zeitl.) baada ya; **(örtl.)** kwenda, kwa
Nachbar/in jirani [4]
nachher halafu
Nachkomme mzao [1]
Nachmittag alasiri
Nachricht habari
Nacht usiku
Nachtlokal baa, nightclub (engl.)
nackt -tupu
Nadel sindano
Nagel msumari [2]
nahe karibu
nähen -shona [ku]
Name jina [4]
Nase pua
nass majimaji
Nation taifa [4]
nehmen -chukua [ku]
nein hapana
nennen -ita [ku]
nett -ema
Netz wavu [6]
neu -pya
neulich juzijuzi
nicht hapana; **n. wahr?** sivyo?
Niere figo [4]
noch (nicht) bado
Norden kaskazini
normal -a kawaida
nötig sein -wa [ku] lazima
Nummer namba
nun sasa
nur tu
nutzlos bure

O

oben juu
Obst matunda [Mz, 4]
oder au
offen wazi
öffnen -fungua [ku]
oft mara kwa mara
ohne bila
Ohr sikio [4]
okay haya, sawasawa
Öl mafuta [Mz, 4]
Onkel mjomba [2]
Orange chungwa [4]
Ort mahali [7]
Ortschaft kijiji [3]
Osten mashariki
Österreich Austria
Österreicher/in Mwaustria [1]
österreichisch -a Kiaustria
Ostern Pasaka
Ozean bahari

P

packen (Gepäck) -funga [ku] mzigo
Papagei dura
Papaya papai [4]
Papier karatasi
Pass paspoti
Passagier abiria [4]
Pech ajali
Person mtu [1]
Petroleum mafuta [Mz, 4] ya taa
Pfad njia
Pfanne sufuria
Pfarrer mchungaji [1]
Pfeffer pilipili
Pferd farasi
Pflanze mmea [2]
Pille kidonge [3]
Pilz yoga [nyoga, 6]
Pistole bastola

Plan mpango [2]
Platz mahali [7]
plötzlich ghafula
Polizei polisi
Polizeiwache kituo [3] cha polisi
Postamt posta
Präsident rais
Preis bei
Priester padre
Problem shida
Pullover sweta

Q

Quelle chemchemi
Quittung risiti

R

Rabatt kipunguzi [3]
Rad gurudumu [4]; **R. fahren** -enda baiskeli
Radau kelele [4]
Radieschen figili
Radio redio
rasch haraka
rasieren -nyoa [ku]
Rast pumziko [4]
Ratte panya
Räuber mwizi [wezi, 1]
Rauch moshi [mioshi, 2]
rauchen -vuta [ku] sigara
Raum chumba [3]
rechts -a kulia
reden -zungumza [ku]
Regen mvua
Regenschirm mwavuli [2]
Regierung serikali
Region mkoa [2]
regnen -nyesha [ku] mvua
reich tajiri
reif -bivu
Reihe mstari [2]
rein safi
reinigen -safisha [ku]
Reis (gekocht) wali; **(ungekocht)** mchele [2]
Reise safari
reisen -safiri [ku]
Religion dini
rennen -kimbia [ku]
Republik jamhuri
Rest baki [4]
Restaurant hoteli, mkahawa [2]
Rettich figili
richtig sawasawa
Riff mwamba [2]
Rind ng'ombe
Rindfleisch nyama ya ng'ombe
Riss ufa [6]
Rock skati
roh -bichi
rot -ekundu
Rücken mgongo [2]
Rucksack shanta
rufen -ita [ku]
ruhig kimya
rühren -vuruga [ku]

S

Sache (Ding) kitu [3]; **(Angelegenheit)** jambo [mambo, 4]
Sack gunia [4]
Saft maji [Mz, 4] ya matunda
Säge msumeno [2]
sagen -ambia [ku], -sema [ku]
Salat saladi
Salz chumvi
salzig -a chumvi
sammeln -kusanya [ku]
Sand mchanga
Sandale staka
Sansibar Unguja [6]
satt werden -shiba [ku]
Satz sentensi
sauber safi
sauer -chungu
schäbig -baya
Schaden hasara
Schaf kondoo
Schaffner kondakta
Schale ganda [4]
scharf -kali
Schatten kivuli [3]
schattig -enye kivuli
Schaufel sepeto
Scheck hundi
schenken -pa kwa zawadi [ku]
Schere mkasi [2]
Scherz mzaha [2]
schicken -peleka [ku]
schieben -kumba [ku]
Schiff meli

Schildkröte (Land-) kobe [4]; **(Meeres-)** kasa
schlachten -chinja [ku]
Schlaf usingizi [6]
schlafen -lala [ku]
schlagen -piga [ku]; **sich sch.** -pigana [ku]
Schlamm matope [Mz, 4]
Schlange nyoka
schlecht -baya
schließen -funga [ku]
schlimm -baya
Schlips tai
Schloss (Tür) kitasa [3]
Schlucht korongo [4]
Schluss mwisho [2]
Schlüssel ufunguo [6]
schmal -embamba
schmecken -dhuku [ku]
Schmerz maumivu [Mz, 4]
Schmetterling kipepeo [3]
Schmutz uchafu [6]
schmutzig -chafu
Schnaps pombe kali
Schnecke konokono
schneiden -kata [ku]
Schneider/in mshonaji [1]
schnell -epesi
Schnur ugwe [6]
Schnurrbart udevu [6]
schon bado
schön -zuri
Schönheit uzuri [6]
Schrank kabati
schreiben -andika [ku]
schreien -lia [ku]
Schuh kiatu [3]
Schuld deni [4]
Schule shule
Schüler/in mwanafunzi [1]
Schulter bega [4]
schwach dhaifu
Schwager shemeji
Schwägerin wifi [4]
schwanger sein -wa na mimbo [ku]
Schwanz mkia [2]
schwarz -eusi
Schwein nguruwe
Schweinefleisch nyama ya nguruwe
Schweiz Uswisi [6]
Schweizer/in Mswisi [1]
schweizerisch -a Kiswisi
schwer (Gewicht) -zito; **(Sache)** -gumu
Schwester dada
schwierig -gumu
Schwierigkeit shida
schwimmen -ogelea [ku]
schwitzen -sikia moto [ku]
See ziwa [4]
seekrank sein -chefuka [ku]
Seele roho
Segel tanga [4]
sehen -ona [ku]
sehr sana
Seife sabuni
Seil kamba
sein -wa [ku]
seit tangu
Seite (Buch) ukurasa [6]; **(Land)** upande [pande, 6]
selten mara chache
seltsam -geni
senden -peleka [ku]
Serviette kitambaa [3]
Shampoo shampuu
Shilling shilingi
Shorts kaputula
sieden -chemsha [ku]
Silber fedha
singen -imba [ku]
Sitte desturi
sitzen -keti [ku], -kaa [ku]
Sitzplatz kiti [3]
Socke soksi
sofort sasa hivi
sogar hata
Sohn mtoto [1] wa kiume
Soldat askari
sondern lakini
Sonne jua [4]
sorgen für -tunza [ku]
Sorte aina
Spaß mzaha [2]
später baadaye
Speer mkuki [2]
Speise chakula [3]
Speisekarte orodha ya vyakula
Spiegel kioo [3]
Spiel mchezo [2]
spielen -cheza [ku]
Sprache lugha
sprechen -sema [ku]
Stadt mji [2]
stark (kraftvoll) -enye nguvu; **(beständig)** imara
Staub vumbi

stechen (Insekt) -uma [ku]
Stein jiwe [mawe, 4]
Steppe pori [4]
sterben -fa [ku]
Stern nyota
still kimya
Stimme sauti
stinken -nuka [ku]
Stock fimbo
Stockwerk ghorofa
Stoff (Kleider) kitambaa [3]
Straße barabara
Streichholz kibiriti [3]
Strickjacke sweta
Strom (elektr.) umeme [6]
Strömung mkondo [2]
Strumpf soksi
Stück kipande [3], sehemu
Stuhl kiti [3]
Stunde saa
Sturm tufani
subtrahieren -toa [ku]
suchen -tafuta [ku]
Süden kusini
Sumpf bwawa [4]
Suppe mchuzi [2]
süß -tamu

T

Tabakspfeife tumbako, kiko [3]
Tablette kidonge [3]
Tag siku
täglich kila siku
Tal bonde [4]
Tank tangi [4]
Tankstelle kituo [3] cha petroli
Tante shangazi
Tanz dansi
tanzen -cheza dansi [ku]
Tasche mfuko [2]
Taschendieb mwizi [wezi, 1]
Taschenlampe tochi
Taschentuch kitambaa [3]
Tasse kikombe [3]
taub -a kiziwi
Taube njiwa
tauchen -zama [ku]
Taucher mzanaji [1]
Taxi teksi
Taxifahrer dereva [4] wa teksi
Tee chai
Teich dimbwi [4]
Teil kipande [3], sehemu
Telefax feksi
Telefon simu
telefonieren -piga [ku] simu
Telegramm barua ya simu
Teller sahani
teuer ghali
tief -refu
Tier mnyama [1]
Tisch meza
Tochter mtoto [1] wa kike
Tod kifo [3]
Toilette choo [3]
Tomate nyanya
Topf mdumu [2]
töten -ua [ku]
Tourist/in msafiri [1], mtalii [1]
tragen (in der Hand) -chukua [ku]; **(auf dem Rücken)** -beba [ku]; **(Kleidung)** -vaa [ku]
treffen -kuta [ku]
Treppe ngazi
treu -aminifu
trinken -nywa [ku]
Trinkgeld bakshishi
trocken -kavu
trotzdem hata hivyo
tun -fanya [ku]
Tür mlango [2]
Tüte mfuko [2]

U

über juu ya
überfüllt -pomoni
übermorgen kesho kutwa
überqueren -vuka [ku]
Ufer kando
Uhr saa
umsonst bure
und na; **u. so weiter** na kadhalika
Unfall ajali
Universität chuo [3] kikuu
Unsinn upuzi [6]
unten chini
unter chini ya

Unterhaltung mazungumzo [Mz, 4]
Unterhemd fulana
Unterhose chupi
Unterkunft mahali [7] pa kulala, hoteli
Unterschied tofauti [4]
unterschreiben -tia [ku] sahihi
Unterschrift sahihi
unterstützen -saidia [ku]
Urin mkojo [2]
urinieren -kojoa [ku]
Urlaub likizo [4]
Urwald msitu [2]

V

Vater baba
Veranda baraza
Verbot marufuku
verboten marufuku
verbrennen -choma [ku]
verdorben -bovu
verfolgen -fuata [ku]
vergessen -sahau [ku]
Vergnügen anasa
verhindern -zuia [ku]
verkaufen -uza [ku]
Verkäufer/in mwuzaji [1]
verleihen -kopesha [ku]
verlieren -poteza [ku]
vermuten -dhani [ku]
Versammlung mkutano [2]
verschieden mbalimbali
verspäten, sich -chelewa [ku]
versprechen -ahidi [ku]
Verstand akili
verstehen -fahamu [ku]
versuchen -jaribu [ku]
Verzeihung! samehe! samahani!
viele -ingi
vielleicht labda
Viertel robo
Vogel ndege
Volk taifa [4]
vollgefüllt -pomoni
vollständig kabisa
vor (zeitl.) kabla ya; **(örtl.)** mbele ya
vorgestern juzi
Vorhaben mpango [2]
Vormittag asubuhi
vorne mbele
vorsichtig -angalifu; **v. sein** -angalia [ku]
Vulkan volkeno

W

wachsen -kua [ku]
Wagen gari [4]
wählen -chagua [ku]
wahr yakini
Wald msitu [2]
Wand ukuta [6]
Wanderer mtembezi [1]
wandern -tembea [ku]
wann? lini?
warten -ngoja [ku]
warum? kwa nini?
was? nini?
waschen (etw.) -osha; **(Kleidung)** -vua [ku]; **(Hände)** -nawa [ku]; **(sich w.)** -oga [ku]
Wasser maji [Mz, 4]
Wasserbock kuro
Wasserhahn bilula
wechseln -badilisha [ku]
wecken -amsha [ku]
weder ... noch wala ... wala
Weg nija
wegen kwa ajili ya, kwa
wehtun -uma [ku]
weiblich -a kike
weich laini
Weihnachten Krismasi
weil kwa sababu
weinen -lia [ku]
weiß -eupe
weit -pana; **w. entfernt** mbali
Weizen ngano
Welle wimbi [4]
Welt dunia
wenig kidogo
wenige -chache
wenn (Bedingung) kama
wer? nani?
werfen -tupa [ku]
Wert thamani
wessen? -a nani?
Westen magharibi
Wetter hali ya hewa
wichtig muhimu
wieder tena
wieviel/e? -ngapi?
willkommen! karibu!
Wind upepo [pepo, 6]

wirklich kweli
wissen -jua [ku]
Wissen elimu
Witz mzaha [2]
wo? wapi?
Woche wiki, juma [4]
wohnen -kaa [ku]
Wolke wingu [4]
Wolldecke blanketi
wollen -taka [ku]
Wort neno [4]
Wörterbuch kamusi
Wunde kidonda [3]
Wunsch hamu
Wurzel mzizi [2]
Wut hasira
wütend werden -kasirika [ku]

Z

Zahl namba
zahlen -lipa [ku]
Zahn jino [meno, 4]
Zahnarzt daktari [4] wa meno
Zahnbürste mswaki [2]
Zahnpasta dawa ya meno
Zehe kidole [3]
zeigen -onyesha [ku]
Zeit nafasi
Zeitraum muda [2]
Zeitung gazeti
Zelt hema
zerbrechen -vunja [ku]
zerstören -haribu [ku]
Zettel cheti [3]
Ziege mbuzi
Ziegel tofali [4]
ziehen -vuta [ku]
Zigarette sigara
Zimmer chumba [3]
Zimmerdecke dari
Zitrone limau [4]
Zoo bustani ya wanyama
zu (nach) kwa
Zucker sukari
Zuckerrohr muwa [miwa, 2]
zuerst kwanza
Zug (Eisenbahn) treni
zuhören -sikiliza [ku]
zuletzt kwa mwisho
zumachen -funga [ku]
Zunge ulimi [6]
zurückbringen -rudisha [ku]
zusammen mit pamoja na
zustimmen -kubali [ku]
zuverlässig -aminifu
Zweck kusudi
Zweifel shaka
zweifellos bila shaka
Zweig tawi [4]
Zwerg mbilikimo [1]
Zwiebel kitunguu [3]
zwingen -bidi [ku]
zwischen baina ya

Kisuaheli – Deutsch

A

abiria [4] Passagier
-acha [ku] lassen
ada Gebühr
adui [4] Feind
afadhali besser
-ahidi [ku] versprechen
ahsante danke
aina Sorte
ajali Pech, Unfall
akili Verstand
alasiri Nachmittag
-alika [ku] einladen
ama ... ama entweder ... oder
amani Frieden
-ambia [ku] informieren, sagen
ambukizo [4] Infektion
-amini [ku] glauben (relig.)
-aminifu ehrlich, zuverlässig, treu
-amsha [ku] aufwecken, wecken
anasa Vergnügen
-andika [ku] schreiben
-angalia [ku] ansehen, aufpassen, vorsichtig sein
-angalifu vorsichtig
-anguka [ku] fallen, hinfallen
anwani Adresse
-anza [ku] anfangen, beginnen
arusi Hochzeit
asali Honig
askari Soldat
asubuhi frühmorgens; Morgen, Vormittag
au oder

B

baa Bar, Kneipe, Nachtlokal
baada ya nach (zeitl.)
baadaye später
baba Vater
babu Großvater
badala ya anstatt, anstelle von
-badilisha [ku] ändern, wechseln
bado noch, noch nicht, schon
bahari Meer, Ozean
bahasha Briefumschlag
bahati Glück
baina ya zwischen
baiskeli Fahrrad
baki [4] Rest
bakshishi Trinkgeld
bandari Hafen
barabara Straße
barafu Eis;
mashine ya b. Kühlschrank
baraza Veranda
baridi kalt
barua Brief
basi [4] Bus
bastola Pistole
bata [4] Ente
-baya böse, schäbig, schlecht, schlimm, falsch
bega [4] Schulter
bei Preis
bendera Fahne
benki Bank (Geld)
betri Batterie
bia Bier
bibi [4] Frau (Anrede); Dame
-bichi frisch, roh
-bidi [ku] zwingen
bila ohne;
b. shaka zweifellos
bilauri (Trink-)Glas
bilula Wasserhahn
-bisha [ku] anklopfen, klopfen
-bivu reif
blanketi Bettdecke, Wolldecke
blauzi Bluse
bonde [4] Tal
bora ausgezeichnet
-bovu verdorben
buluu blau
bure nutzlos, umsonst
bustani Garten;
b. ya wanyama Zoo
-busu [ku] küssen
busu [4] Kuss
bwana [4] Herr (Anrede)
bwawa [4] Lagune, Sumpf

C

-chache wenige

-chafu dreckig, schmutzig
-chagua [ku] auswählen, wählen, aussuchen
chai Tee;
ch. ya asubuhi Frühstück
chakula [3] Essen, Speise, Mahlzeit;
ch. cha mchana Mittagessen
chandalua [3] Moskitonetz
chanuo [4] Kamm
chawa Laus
chaza Auster
-chefuka [ku] seekrank sein
-cheka [ku] lachen
-chelewa [ku] sich verspäten
chemchemi Quelle
-chemsha [ku] sieden
cheti [3] Zettel
-cheza [ku] spielen;
-ch. dansi tanzen
chini abwärts, unten, herunter;
ch. ya unter
-chinja [ku] schlachten
-choka [ku] müde werden
-choma [ku] verbrennen
chombo [3] Behälter, Gefäß
choo [3] Toilette
choyo: -enye ch. geizig
-chukua [ku] nehmen, tragen (in der Hand)
chuma [3] Eisen
chumba [3] Raum, Zimmer
chumvi Salz;
-a ch. salzig
-chungu bitter, sauer
chungwa [4] Apfelsine, Orange
chuo [3] **kikuu** Universität
chupa Flasche
chupi Unterhose
chura [3] Frosch

D

dada Schwester
daima immer
dakika Minute
daktari [4] Arzt, Ärztin;
d. wa meno Zahnarzt, -ärztin
damu Blut
dansi Tanz
daraja [4] Brücke, Klasse (Beförderung);
darasa [4] Klasse (Schule)
dari Dachboden, Zimmerdecke
dawa Arznei, Medizin;
d. ya meno Zahnpasta
deni [4] Schuld
dereva [4] Fahrer
desturi Sitte
dhahabu Gold
dhaifu schwach
-dhani [ku] glauben, meinen, vermuten
-dhuku [ku] schmecken
dimbwi [4] Teich
dini Religion
dirisha [4] Fenster
dizeli Diesel
-dogo klein
duka [4] Geschäft, Laden;
d. la madawa Apotheke, Drogerie
dunia Erde, Welt
dura Papagei

E

-ekundu rot
-eleza [ku] erklären
elimu wissen
-ema nett
-embamba dünn, eng, schmal
embe [4] Mango
-enda [kw] fahren, gehen
-e. baiskeli Rad fahren
-endelea [ku] fortsetzen
-endesha [ku] fahren, lenken
-enye besitzend
-epesi schnell
-eupe weiß
-eusi schwarz

F

-fa [ku] sterben
-fahamu [ku] verstehen
-fanya [ku] machen, tun;
-f. biashara handeln;
-f. kazi arbeiten
farasi Pferd
fedha Geld, Silber

feksi Telefax
figili Rettich, Radieschen
figo [4] Niere
-fika [ku] ankommen
-fikiri [ku] denken
filimu Film
fimbo Stock
-fuata [ku] folgen, verfolgen
fulana Unterhemd
fundi [4] Handwerker
-fundisha [ku] lehren
-funga [ku] abschalten, abschließen, schließen, zumachen;
-f. mzigo packen (Gepäck)
-fungua [ku] anschalten, aufmachen, öffnen, aufschließen
funza Made
-fupi kurz

G

galoni Gallone
ganda [4] Schale
gari [4] Auto, Wagen;
g. la moshi Eisenbahn
gazeti Zeitung
-geni seltsam
gereza [4] Gefängnis
ghafula plötzlich
ghali teuer
gharama Kosten
ghorofa Etage, Stockwerk
ghuba Bucht
giza Dunkelheit
-gonjwa krank
goti [4] Knie
-gumu hart, schwierig, schwer (Sache)
gunia [4] Sack
gurudumu [4] Rad

H

habari Nachricht
hadithi Geschichte
halafu danach, dann, nachher
hali ya hewa Wetter
hamu Wunsch
hapa hier
hapana nein, nicht
haraka Hast, Eile, rasch
-haribika [ku] kaputt gehen
-haribu [ku] zerstören
hasara Schaden
hasira Wut
hata auch, sogar;
h. hivyo sogar, trotzdem, dennoch
hatari Gefahr;
-enye h. gefährlich
haya okay
hela Geld
hema Zelt
hewa Luft
-hitaji [ku] benötigen, brauchen
hodari fähig
hofu Angst, Furcht
homa Fieber;
h. ya mafua Grippe
hospitali Krankenhaus
hoteli Herberge, Hotel, Unterkunft, Restaurant
hundi Scheck

I

iko es gibt
ili damit
imara stark (beständig)
-imba [ku] singen
-ingi viele
-ingia [ku] eintreten
-ingine anderer, -e, -es, einige
ini [4] Leber
injini Maschine, Motor
inzi [4] Fliege
-isha [kw] zu Ende gehen
-ishi [ku] leben
-ita [ku] nennen, rufen
-itwa [ku] heißen

J

-ja [ku] kommen
jabali [4] Felsen
jamaa Familie
jambo [mambo, 4] Angelegenheit, Sache
jamhuri Republik
jana gestern
jani [4] Blatt
-jaribu [ku] anprobieren, ausprobieren, versuchen
-jaza [ku] füllen; ausfüllen (Formular)
-jenga [ku] bauen
jibini Käse

-jibu [ku] antworten
jibu [4] Antwort
jicho [macho, 4] Auge
-jifunza [ku] lernen
jiko [meko, 4] Feuerstelle, Herd
jikoni Küche
jina [4] Name
-jinga dumm
jino [meno, 4] Zahn
jioni Abend, abends
jirani [4] Nachbar/in
jiwe [mawe, 4] Stein
jogoo [4] Hahn
joto heiß (Umst.), Hitze; **-a j.** heiß (Eig.)
-jua [ku] kennen, wissen
jua [4] Sonne
juha [4] Idiot
juma [4] Woche
juu oben, hinauf; **j. ya** auf, über
juzi vorgestern
juzijuzi neulich

K

-kaa [ku] sich aufhalten, wohnen, sitzen
kaa Krabbe, Krebs
kabati Schrank
kabichi Kohl
kabisa vollständig, ganz und gar
kabla vorher, ehe; **k. ya** bevor, vor (zeitl.)
kahawa Kaffee
kaka Bruder
kakao Kakao
kalamu Kugelschreiber
kalembesi Makrele
kalenda Kalender
-kali scharf
-kamata [ku] fangen
kamba Leine, Seil
kamera Kamera
kamusi Wörterbuch
kando Ufer
kanisa [4] Kirche
kaputula kurze Hose, Shorts
karanga Erdnuss
karatasi Papier
karibu fast, nahe; **k.!** willkommen!, herein!
karoti Karotte, Möhre
kasa Meeresschildkröte
-kasirika [ku] ärgerlich sein, wütend werden
kaskazini Norden
-kata [ku] schneiden
-kataa [ku] ablehnen, sich weigern
katikati ya inmitten von
-kavu trocken
kawaida: -a k. normal
kazi Arbeit, Beruf
kelele [4] Lärm, Radau
kesho morgen; **k. kutwa** übermorgen
-keti [ku] sitzen
Kiafrika: -a K. afrikanisch
kiasi Betrag
kiatu [3] Schuh
kiazi [3] Kartoffel
kibanda [3] Hütte
kibiriti [3] Streichholz; **k. cha gesi** Feuerzeug
kiboko [3] Flusspferd
kibuyu [3] Kalebasse
kichomi [3] Entzündung
kichwa Kopf
kidogo etwas, wenig
kidole [3] Finger, Zehe
kidonda [3] Wunde
kidonge [3] Pille, Tablette
Kifaransa [3] Französisch (Sprache); **-a K.** französisch
kifo [3] Tod
kifua [3] Brust(korb)
kifunguo [3] Knopf
Kihindi: -a K. indisch
Kiingereza [3] Englisch (Sprache); **-a K.** englisch
kijana: -a k. jung
Kijerumani [3] Deutsch (Sprache); **-a K.** deutsch
kijiji [3] Dorf, Ortschaft
kijiko [3] Löffel
kijito [3] Bach
kijivu: -a k. grau
kikapu [3] Korb
kike: -a k. weiblich
kiko [3] Tabakspfeife
kikombe [3] Tasse
kila jede, -r, -s; **k. siku** täglich
kilele [3] Gipfel
kilima [3] Hügel
kilo Kilogramm
kilometa Kilometer
Kimarekani: -a K. amerikanisch

-kimbia [ku] laufen, rennen
kimya leise, ruhig, still
kinyozi [3] Friseur/in
kinywaji [3] Getränk
kioo [3] Glas (Fenster), Spiegel
kipande [3] Stück, Teil
kipepeo [3] Schmetterling
kipindupindu Cholera
kipofu [3] Blinde/r
kipunguzi [3] Rabatt, Ermäßigung
kirafiki: -a k. freundlich
kirimu Creme
kisasa: -a k. modern
kisima [3] Brunnen
kisiwa [3] Insel
kisu [3] Messer
kitabu [3] Buch
kitambaa [3] Lappen, Serviette, Taschentuch, Stoff (Kleider)
kitanda [3] Bett
kitasa [3] Schloss (Tür)
kiti [3] Stuhl, Sitzplatz
kitu [3] Ding, Sache
kitunguu [3] Zwiebel;
k. saumu Knoblauch
kituo [3]: **k. cha mabasi** Busbahnhof;
k. cha polisi Polizeiwache
kivuli [3] Schatten;
-enye k. schattig
kiwanja [3] **cha ndege** Flugplatz
kiziwi: -a k. taub
Kizungu: -a K. europäisch
kobe [4] Schildkröte (Land-)
-kodi [ku] mieten
kodi Miete
kofia Hut, Mütze
-kohoa [ku] husten
-kojoa [ku] urinieren, pinkeln
kombe Muschel
kondakta Schaffner
kondoo Schaf
konokono Schnecke
-kopa [ku] leihen
-kopesha [ku] verleihen
kopo [4] Dose
korongo [4] Schlucht
korosho [4] Cashewnuss
-kosa [ku] Fehler machen
kosa [4] Fehler
koti [4] Mantel, Jackett
Krismasi Weihnachten
-kua [ku] wachsen
-kubali [ku] zustimmen
-kubwa groß
kukaanga: -a k. gebraten
kuku Huhn
kulia: -a k. rechts
kuliko als (mehr)
-kumba [ku] anschieben, schieben
-kumbuka [ku] sich erinnern an
kuna es gibt
kuni [Mz, 6] Feuerholz
kuro Wasserbock
-kusanya [ku] sammeln
kushoto: -a k. links
kusini Süden
kusudi Zweck
-kuta [ku] treffen
kutosha: -a k. genügend
kwa mit, durch, wegen, bei, zu, nach, für, in;
kw. ajili ya wegen;
kw. haraka eilig;
kw. miguu zu Fuß;
kw. mwisho zuletzt;
kw. nini? warum?
kw. sababu denn, weil;
kw. sauti kubwa laut
kwamba dass
kwanza zuerst
kweli wirklich

L

-la [ku] essen
labda vielleicht
ladha Geschmack
laini weich
laki hunderttausend
lakini aber, sondern
-lala [ku] liegen, schlafen
lazima nötig
leo heute
leta [ku] holen, bringen
-levi betrunken
-lia [ku] schreien, weinen
-lika [ku] essbar sein
likizo [4] Ferien, Urlaub
limau [4] Limone, Zitrone
lini? wann?

-lipa [ku] zahlen, bezahlen;
-l. taslimu bar zahlen
lita Liter
lugha Sprache

M

maendeleo [Mz, 4] Fortschritt
mafua [Mz, 4] Erkältung
mafuta [Mz, 4] Fett, Öl;
m. ya taa Petroleum
magharibi Westen
mahakama Gerichtshof
mahali [7] **pa kulala** Unterkunft
maharagwe [Mz, 4] Bohnen (rote)
mahindi [Mz, 4] Mais
maili Meile
maisha [Mz, 4] Leben
majani [Mz, 4] Gras
maji [Mz, 4] Wasser;
m. ya matunda Saft
majimaji feucht, nass
malaria Malaria
malipo [Mz, 4] Bezahlung
-maliza [ku] aufhören, beenden
mama Frau (Anrede), Mutter, Mama
mamba Krokodil
manjano gelb
mapema früh
mara Mal;
m. chache selten, manchmal;
m. kwa mara oft
Marekani Amerika
marijani Koralle
marufuku Verbot; verboten
mashariki Osten
mashine Maschine
maskini arm
maslahi Interesse
matope [Mz, 4] Schlamm
matunda [Mz, 4] Obst
maumivu [Mz, 4] Schmerz
mavuno [Mz, 4] Ernte
mazishi [Mz, 4] Beerdigung
maziwa [Mz, 4] Milch; Busen (weibl.)
mazungumzo [Mz, 4] Unterhaltung
mbali fern, weit entfernt
mbalimbali verschieden
mbao [Mz, 6] Holz
mbele vorn;
mb. ya vor (örtl.)
mbilikimo [1] Zwerg
mbingu [Mz, 6] Himmel
mboga [2] Gemüse
mbu Moskito
mbuni [2] Kaffeepflanze
mbuyu [2] Baobab, Affenbrotbaum
mbuzi Ziege
mbwa Hund
mchana [2] Mittag
mchanga Sand
mchele [2] Reis (ungekocht)
mchezo [2] Spiel
mchungaji [1] Pfarrer
mchuzi [2] Suppe
mdomo [2] Mund, Maul
mdudu [1] Insekt
mdumu [2] Topf
meli Schiff, Dampfer
mende Kakerlake, Küchenschabe
meta Meter
meza Tisch
mfano [2] Beispiel
mfanyabiashara [1] Händler
mfanyakazi [1] Arbeiter
Mfaransa [1] Franzose
mafua [Mz, 4] Erkältung
mfuko [2] Tasche, Tüte
mfupa [2] Knochen
mgeni [1] Ausländer/in, Besucher/in, Fremde/r, Gast
mgongo [2] Rücken
mguu [2] Bein, Fuß
Mhindi [1] Inder/in
milioni Million
mimba: -enye m. schwanger
miwani [Mz, 4] Brille
Mjerumani [1] Deutsche/r
mji [2] Stadt
mjomba [2] Onkel
mjukuu [1] Enkelkind
mjusi [2] Eidechse
mkalimani [1] Dolmetscher/in
mkasi [2] Schere
mkate [2] Brot
mke [1] Ehefrau, Gattin
mkeka [2] Matte
mkia [2] Schwanz

mkoa [2] Region
mkoba [2] Handtasche
mkojo [2] Urin
mkondo [2] Strömung
mkono [2] Arm, Hand
mkristo [1] Christ
mkuki [2] Speer
mkulima [1] Bauer
mkutano [2] Versammlung
mkuu [1] Chef, Boss
mlango [2] Tür
mlima [2] Berg
mmea [2] Pflanze
mnazi [2] Kokospalme
mnyama [1] Tier
mnyororo [2] Kette
moja kwa moja direkt, geradeaus
moshi [mioshi, 2] Rauch
mota Motor
moto [mioto, 2] Feuer
motokaa Auto
moyo [mioyo, 2] Herz
mpaka bis;
mp. [2] Grenze
mpango [2] Plan, Vorhaben
mpishi [1] Koch
msafiri [1] Tourist
msalaba [2] Kreuz
mshahara [2] Lohn
mshonaji [1] Schneider/in
mshumaa [2] Kerze
msichana [1] Mädchen
msikiti [2] Moschee
msitu [2] Wald, Urwald
mstari [2] Reihe
msumari [2] Nagel
msumeno [2] Säge
mswaki [2] Zahnbürste
Mswisi [1] Schweizer/in
mtalii [1] Tourist/in
mtembezi [1] Wanderer
mti [2] Baum
mto [2] Fluss; Kissen
mtoto [1] Kind
mtu [1] Mensch, Person
mtumishi [1] Angestellte/r
muda [2] Dauer, Zeitraum
muhimu wichtig
muhogo [mihogo, 2] Maniok
mume [1] Ehemann, Gatte
Mungu [2] Gott
musiki Musik
muwa [miwa, 2] Zuckerrohr
mvua Regen
mvuvi [1] Fischer
Mwafrika [1] Afrikaner/in
mwaka [2] Jahr
mwaliko [2] Einladung
mwalimu [1] Lehrer/in
mwamba [2] Riff, Felsen
Mwamerika [1] Amerikaner/in
mwanafunzi [1] Schüler/in
mwanamke [1] Frau
mwanamume [1] Mann
mwandazi [1] Kellner/in
mwanzo [1] Anfang, Beginn
mwavuli [2] Regenschirm
mwezi [2] Mond; Monat
mwili [2] Körper
mwindaji [1] Jäger
Mwingereza [1] Engländer/in
mwisho [2] Ende, Schluss
mwisho: -a mw. letzte, -r, -s
Mwislamu [1] Muslim
mwizi [wezi, 1] Dieb, Taschendieb, Räuber
mwongozi [1] Führer
mwuguzi [1] Krankenschwester, -pfleger
mwuzaji [1] Verkäufer/in
mzaha [2] Scherz, Spaß, Witz
mzanaji [1] Taucher/in
mzao [1] Nachkomme
mzigo [2] Gepäck
mzizi [2] Wurzel
Mzungu [1] Europäer

N

na und, mit;
n. kadhalika und so weiter
nafasi Freizeit, Zeit
namba Nummer, Zahl
nanasi [4] Ananas
nani? wer?;
-a n.? wessen?
nauli Fahrpreis

-nawa [ku] waschen (Hände)
nazi Kokosnuss
nchi Land
ndani drinnen
ndege Vogel, Flugzeug
ndiyo ja
ndizi Banane
ndoo Eimer
ndugu Bruder
-nene dick
neno [4] Wort
ngano Weizen
-ngapi? wieviel?, wie viele?
ngazi Treppe, Leiter
-ngoja [ku] warten
ng'ombe Kuh, Rind
ngozi Haut, Leder
nguo Kleid;
ng. ya kuogelea Badeanzug
nguruwe Schwein
nguvu: -enye ng. stark, kraftvoll
ninakubali! einverstanden!
nini? was?
nisamehe! Entschuldigung!
njaa Hunger
nje draußen, außen
njia Pfad, Weg
njiwa Taube
njoo! komm!
-nuka [ku] stinken
-nukia [ku] duften
-nunua [ku] kaufen, einkaufen
nusu halb; Hälfte
nyama Fleisch;
ny. ya ng'ombe Rindfleisch;
ny. ya nguruwe Schweinefleisch
nyanya Tomate; Großmutter
-nyesha [ku] **mvua** regnen
-nyoa [ku] rasieren
-nyofu gerade
nyoka Schlange
nyota Stern
nyuki Biene
nyuma hinten;
ny. ya hinter
nyumba Haus
nyundo Hammer
-nywa [ku] trinken
nywele [Mz, 6] Haar

O

-oa [ku] heiraten (Mann)
ofisi Büro
-oga [ku] baden, sich waschen
-ogelea [ku] schwimmen
-ogopa [ku] fürchten
-olewa [ku] heiraten (Frau)
-omba [ku] bitten um; beten
-ona [ku] sehen
-ondoka [ku] abreisen, abfahren
-ongeza [ku] addieren, hinzufügen
-ongoza [ku] führen
-onyesha [ku] zeigen
orodha Liste;
o. ya vyakula Speisekarte
-osha [ku] waschen (etw.)
-ote (+ Relativsilbe) alle

P

-pa [ku] geben;
-p. kwa zawadi schenken
paa [4] Dach
padre Priester
paka Katze
-pakua [ku] abladen
pamba Baumwolle
pamoja na zusammen mit
-pana breit, weit
-panda [ku] besteigen, einsteigen, klettern
panga [4] Machete
pango [4] Höhle
panya Maus, Ratte
papa Hai
papai [4] Papaya
Pasaka Ostern
paspoti Pass
-pata [ku] bekommen, finden
-patikana [ku] erhältlich sein
-peleka [ku] schicken, senden
pembe Ecke
-penda [ku] lieben, gern haben, mögen

-pendelea [ku] lieber mögen
-pendeza [ku] gefallen
pengine manchmal
peremende [4] Bonbon
pesa Geld
petroli Benzin
pia auch
picha Bild, Foto
-piga [ku] schlagen;
-p. kelele lärmen;
-p. simu telefonieren;
-p. sindano impfen
-pigana [ku] sich schlagen
-pika [ku] kochen
pikipiki Motorrad, Moped
pilipili Pfeffer, Chilipfeffer
-pima [ku] abmessen
-pofu blind
-pokea [ku] erhalten
pole sana es tut mir leid
polepole langsam
polisi Polizei
pombe Bier;
p. kali Schnaps
-pomoni voll, überfüllt
pori [4] Steppe
posta Postamt
-poteza [ku] verlieren
pua Nase
-pumzika [ku] sich ausruhen
pumziko [4] Rast
punde bald
pwani Küste
-pya neu

R

rafiki Freund
rahisi billig; leicht, einfach
rais Präsident
ramani Landkarte
rangi Farbe
redio Radio
-refu hoch, lang, tief
-rembo hübsch
risiti Quittung
robo Viertel
roho Geist, Seele
ruba [4] Blutegel
-rudisha [ku] zurückbringen
ruhusa Erlaubnis
-ruhusu [ku] erlauben
-ruhuswa [ku] erlaubt sein
-ruka [ku] fliegen

S

saa Stunde, Uhr
sabuni Seife
saburi Geduld
safari Reise
safi rein, sauber
-safiri [ku] reisen
-safisha [ku] reinigen
sahani Teller
-sahau [ku] vergessen
sahihi Unterschrift
-saidia [ku] helfen, unterstützen
sala Gebet
saladi Salat
-salimia [ku] grüßen
samahani! Verzeihung!
samaki Fisch
samehe! Verzeihung!
sana sehr
sanduku [4] Koffer
sasa jetzt, nun;
s. hivi gleich, sofort
sauti Stimme
sawa ähnlich;
s. na gleich wie
sawasawa okay, richtig
sehemu Stück, Teil
-sema [ku] sagen, sprechen
sentensi Satz
senti Cent
sepeto Schaufel
serikali Regierung
shaba Messing
shaka Zweifel
shamba [4] Feld
shampuu Shampoo
shangazi Tante
shanta Rucksack
shati [4] Hemd
shemeji Schwager
sheria Gesetz
-shiba [ku] satt werden
shilingi Schilling
shimo [4] Loch
shingo [4] Hals
shiti [4] Bettlaken
-shona [ku] nähen
-shonea [ku] annähen
-shtaki [ku] anklagen, beschuldigen
shua [4] Boot

shughuli Geschäft (Handel)
shule Schule
siafu Ameise
siagi Butter
sidiria Büstenhalter
sifa Lob
sigara Zigarette
-sikia [ku] hören;
-s. moto [ku] schwitzen
-sikiliza [ku] zuhören
sikio [4] Ohr
siku Tag;
s. zote immer (jeden Tag)
sikukuu Feiertag
-simama [ku] anhalten, aufstehen
simu Telefon
sindano [4] Nadel
sinema Kino
siri Geheimnis
sivyo? nicht wahr?
skati Rock
soda Limonade
soko [4] Markt
soksi Socke, Strumpf
-soma [ku] lesen
staka Sandale
starehefu bequem
stempu Briefmarke
stesheni Bahnhof
sufuria Kochtopf, Pfanne
sukari Zucker
-sumbua [ku] belästigen
sumu Gift;
-enye s. giftig
sungura Hase, Kaninchen
suruali Hose (lange)
suti Anzug
swali [4] Frage
sweta Pullover, Strickjacke

T

taa Lampe
tafadhali bitte sehr
-tafuta [ku] suchen
tai Krawatte, Schlips
taifa [4] Nation, Volk
tajiri reich
-taka [ku] beabsichtigen, wollen
takataka Abfall, Müll
tambarare Ebene
-tamu süß (Geschmack)
tandiko [4] Decke (Tisch), Matratze
tanga [4] Segel
tangawizi Ingwer
tangi [4] Tank
tangu seit
tarehe Datum
taulo Handtuch
tawi [4] Ast, Zweig
tayari bereit, fertig
teksi Taxi
-tembea [ku] wandern
-tembelea [ku] besuchen
tembo Elefant
tena wieder
-tengeneza [ku] herstellen
-teremka [ku] aussteigen
thamani Wert
-tia [ku] einfüllen;
-t. sahihi unterschreiben
tikiti Fahrkarte, Fahrschein
-toa [ku] anbieten; herausnehmen, subtrahieren
tochi Taschenlampe
tofali [4] Ziegel
tofauti [4] Unterschied
-tokota gekocht
treni Eisenbahnzug
tu nur
tufani Sturm
-tukia [ku] geschehen
-tumaini [ku] hoffen
tumaini [4] Hoffnung
tumbako Tabak
tumbili Affe
tumbo [4] Bauch, Magen
-tumia [ku] benutzen
tunda [4] Frucht
-tunza [ku] sorgen für
-tupa [ku] werfen
-tupu leer, nackt

U

-ua [ku] töten
ua [4] Blume
ubao [6] Balken, Brett
ubongo [6] Gehirn
uchafu [6] Dreck, Schmutz
udevu [6] Bart, Schnurrbart
udongo [dongo, 6] Erde, (Lehm-)Boden
ufa [6] Riss
Ufaransa [6] Frankreich
ufunguo [6] Schlüssel
ugali [6] Maisbrei

ugonjwa [6] Krankheit
ugwe [6] Bindfaden, Schnur
Uhindi [6] Indien
uhuru [6] Freiheit
Uingereza [6] England
Uislamu [6] Islam
Ujerumani [6] Deutschland
ujuvi [6] Frechheit
ujuzi [6] Erfahrung
ukanda [4] Gürtel
ukosi [4] Kragen
ukurasa [6] Seite
ukuta [6] Wand
Ulaya Europa
ulimi [6] Zunge
-uliza [ku] fragen
-uma [ku] beißen, stechen, wehtun
uma [6] Gabel
umeme [6] Blitz, Strom, Elektrizität
umri Alter
unga [6] Mehl
Unguja [6] Sansibar
upande [6] Lage, Seite
upendo [6] Liebe
upepo [pepo, 6] Wind
upuzi [6] Unsinn
usiku Nacht
usingizi [6] Schlaf
Uswisi [6] Schweiz
uwongo [6] Lüge
-uza [ku] verkaufen
uzi [6] Garn
uzuri [6] Schönheit

V

-vaa [ku] anziehen (sich), tragen (Kleider)
vilevile auch, ebenso
vita Krieg
vitu [Mz, 3] Sachen
-vivu faul
volkeno Vulkan
-vua [ku] **samaki** angeln
-vuka [ku] überqueren
vumbi Staub
-vunja [ku] zerbrechen
-vuta [ku] ziehen;
-v. sigara rauchen

W

-wa [ku] sein, sich befinden;
-w. na haben;
-w. na kiu durstig sein;
-w. na mimbo [ku] schwanger sein;
-w. na njaa hungrig sein
wala ... wala weder ... noch
wali Reis (gekocht)
wapi? wo?
wasili Ankunft
watu [Mz, 1] Leute
wavu [6] Netz
wazazi [Mz, 1] Eltern
wazi offen
wazo [4] Idee
-weka [ku] hinstellen, legen
-weza [ku] können
-wezekana [ku] möglich sein
wifi [4] Schwägerin
wiki Woche
wimbi [4] Welle
wimbo [nyimbo, 6] Lied
-winda [ku] jagen
wingu [4] Wolke
wizi Diebstahl

Y

yai [4] Ei
yakini wahr
yoga [nyoga, 6] Pilz

Z

-zaa [ku] gebären
zaidi mehr
-zama [ku] tauchen
zamani früher;
-a. z. alt (Ding)
zawadi Geschenk
-zee alt (Mensch)
zeze Gitarre
-zima ganz, gesund
-zito schwer (Gewicht)
ziwa [4] See; Brust (weibl.)
-zuia [ku] verhindern
-zungumza [ku] reden
zungumzo [4] Gespräch
-zuri gut, herrlich, schön

Der Autor

Christoph Friedrich, Jahrgang 1958, reiste zum ersten Mal 1973 nach Kenia. Danach begann er Kisuaheli zu lernen. 1976 beendete er sein Abitur und reiste erneut nach Kenia und Tansania. Im nächsten Jahr begann er eine Lehre als Reiseverkehrskaufmann.

1981/82 trieb es ihn ein Jahr in der Weltgeschichte herum, wobei er unter anderem vier Monate im damaligen Zaire (Demokrat. Rep. Kongo) und Tansania zubrachte.

In den folgenden Jahren arbeitete er in der Tourismus-Branche. Von 1997 bis 2000 lebte er mit seiner Familie in Neuseeland.

Zurück in Berlin arbeitet er wieder im Reisebüro, wo er u. a. ein eigenes umfangreiches Tansania-Programm anbietet. Er besucht regelmäßig Ostafrika.